Über dieses Buch

Diese Gedichte grenzen den Band von herkömmlichen Lyriksammlungen ab: Sie berichten vom Arbeitsplatz und aus dem Privatleben, von Maschinen und Menschen, von Entfremdung, Abhängigkeit, von politischen Ereignissen oder auch von Gefühlen, zugleich sind sie engagiert. Es sind nicht Texte aus der Schublade, sondern für die Themen dieses Bandes neu geschriebene Gedichte, die mehr als bloße Schilderungen sind, die zur bewußten gesellschaftsbezogenen Kritik übergehen und zur Solidarität der Besitzlosen aufrufen.

»Diese Sammlung versteht sich als Anfang — auch um dem Vorurteil zu begegnen, Gedichte könne man heutzutage weder lesen noch schreiben. Ihre Stärke ist eine unkomplizierte Direktheit. Wem an einer kämpferischen Haltung für eine Kultur der Arbeiterklasse gelegen ist, dem bieten diese Gedichte reiches Material und Anregung. Sie werden hingegen den nicht befriedigen können, der sich bei der Lektüre nur an einer gediegenen Bewältigung des Lebens und seiner Nöte durch ein abgekapseltes Individuum erfreuen will.«

Godehard Schramm

Werkkreis Literatur der Arbeitswelt

Geht dir da nicht ein Auge auf

Gedichte

Herausgegeben von
Godehard Schramm und Bernhard Wenger
unter Mitarbeit von Peter Sauernheimer

Fischer
Taschenbuch
Verlag

Originalausgabe
Fischer Taschenbuch Verlag
Juni 1974
Umschlagentwurf: Jan Buchholz/Reni Hinsch
unter Verwendung einer Grafik von Jörg Scherkamp,
Werkstatt Grafik der Arbeitswelt Augsburg
Fischer Taschenbuch Verlag GmbH, Frankfurt am Main

Gesamtherstellung: Hanseatische Druckanstalt GmbH, Hamburg
Printed in Germany
ISBN 3 436 01917 8

Inhalt

II. Abteilung

III. Abteilung

IV. Abteilung

Was Kapitalisten zu Vorbildern macht
ist ihr Klassenbewußtsein.

Liselotte Rauner

Vorwort

Daß im Werkkreis Literatur der Arbeitswelt auch Gedichte geschrieben werden, muß nicht erst mit diesem Sammelband bewiesen werden. Seine Themen grenzen ihn von anderen, unverbindlichen Gedichtbüchern ab, um eine Absicht des Werkkreises zu verdeutlichen: mit künstlerischen Mitteln politisches Denken und Handeln nicht nur anzuregen, sondern bereits Partei zu ergreifen. Nun geht das freilich nicht von heut auf morgen. Da ist zuallererst die als bedrückend erfahrene Wirklichkeit an den verschiedensten Arbeitsplätzen, die zunächst in verschiedenen Reportagen wiedergegeben wurde. Dann wurde begonnen, ihre Ursachen aufzudecken und zu analysieren. Der nächste Schritt wäre, diese im weitesten Sinne verstandene Wirklichkeit als eine veränderbare darzustellen. Das geht nicht ohne theoretisches Wissen und dessen Verbreitung sowie das Beziehen einer parteilichen Position. Was die Autoren dieser Gedichte gemeinsam haben, ist ihre Absage an das neutralistische Gedicht.

Als wir die Kollegen in den einzelnen Werkstätten um Beiträge für dieses Buch gebeten hatten, erhielten wir eine wahre Flut von Gedichten. Bei den meisten Autoren ist der Schreibansporn die unbewältigte Erfahrung der Ausbeutung, der sozialen Ungerechtigkeit und des politischen Druckes. Beim Zusammenstellen versuchten wir dem Rechnung zu tragen, indem wir das Diktat einer „genauen Kapiteleinteilung" beseitigten. Wir entschlossen uns, keine scharf abgegrenzten Käfige zu bauen. Eine weitere Schwierigkeit ergab sich, als wir einsehen mußten, daß die anspruchsvolle und aufwendige Diskussion jedes einzelnen Gedichts, wie wir es anfangs handhabten, mit zunehmender Textzahl unmöglich wurde. Die nur knapp bemessene Zeit und die großen Entfernungen zwischen Autoren und Herausgebern legten sich der gewünschten Kommunikation quer. Gerade die im Werkkreis geforderte und notwendige Diskussion der Texte, welche zu Verbesserungen führt, mußte allzuhäufig einer einfachen Ja/Nein-Entscheidung unsererseits weichen.

Die überwiegende Zahl der Gedichte beschäftigt sich mit Zuständen, die immer und immer wieder den einzelnen die Widersprüche des kapitalistischen Systems erfahren lassen, die stets von neuem seine Kritik herausfordern. Diese ständige Kritik ist für die Herausbildung eines eigenen Standpunktes unerläßlich. Es ist uns dabei klar, daß die hier veröffentlichten Texte zu einem guten Teil eine frühe Phase des Lernprozesses zu diesem Standpunkt hin bezeichnen; — sie sind in der 1. Abteilung versammelt.

In der 2. Abteilung stellten wir jene Gedichte zusammen, die das eigene Schreiben begründen und rechtfertigen, die teilweise vom notwendigen theoretischen Bewußtsein ausgehen,

ohne das ein Schreiber die Wirklichkeit nicht bewältigen kann. Absichtserklärungen und Abgrenzungen bedingen sich da gegenseitig.
Sehr deutlich sprechen einige Autoren vom Klassenbewußtsein — und so ist es verständlich, daß die von Schreibern geübte internationale Solidarität die gesamte dritte Abteilung bestimmt. Solidarität mit Chiles gestürzter Unidad-Popular-Regierung kann jedoch nur dann glaubhaft sein, wenn sie kein bloßes Lamento über den faschistischen Putsch anstellt oder mit noch so ernst gemeintem Pathos („unsere Solidarität wird die Junta vernichten . . .“) eben diese Niederlage verdrängt, sondern ihn in direktem Zusammenhang mit Vorgängen in der BRD sieht.
Oft wird Werkkreis-Autoren vorgeworfen, sie schrieben dogmatisch engstirnig nur über „die Arbeitswelt“ — nun, man muß uns zugute halten, daß man nicht aus dem Stand heraus Lektüre für gewaltige Lesermassen produzieren kann; zugleich dürften die bisher erschienenen Bände klar gemacht haben, daß wohl „die Arbeitswelt“ Vorrang hat und weiter haben muß, doch nach und nach auch andere Themenkreise beschrieben werden. Deshalb haben wir in der 4. Abteilung Gedichte versammelt, die in Ansätzen private Erfahrungen und Probleme darstellen. Sicherlich bedingen nicht nur politisch-soziologische Zustände persönliche Probleme. Hier machten wir die Erfahrung, daß viele Schreiber zwar über die „Außenwirklichkeit“ pointiert schreiben, ihre eigenen Konflikte aber noch nicht aussprechen können. Bei einigen Texten entstand sogar der Eindruck, als hätte der Verfasser gar kein individuelles Schicksal. Es kommt jedoch darauf an, daß „Subjektivität objektiv von Belang ist“ (v. Braun). So werden bereits da und dort Energien frei für poetische, ja phantastische Erfindungen.
Die Stärke der meisten Werkkreis-Autoren liegt im polemischen, ja agitatorischen Gedicht. Die unterschiedlichsten Typen davon haben wir in der 5. Abteilung zusammengestellt. Dabei wird auch klar, daß die Wut über Ausbeutung und soziale Ungerechtigkeit ernster zu nehmen und gewichtiger sind, als „abgewogene“ Urteile, deren Pseudo-Objektivität allenfalls dem lachenden Klassenfeind zugute käme. Erst die Zuspitzung kann Mißstände deutlich machen. Dabei wissen wir wohl, daß agitatorisches Pathos gelegentlich das notwendig Analytische zu kurz kommen läßt. In manchen Gedichten spukt das Fremdbild vom Kapitalismus herum — man könne sein „Wesen“ nur auf den „Boss“ zurückführen. Das entspricht der irrigen Vorstellung, die den Kapitalismus als einen „Maschinen-Moloch“ dämonisiert. So wird es verständlich sein, daß manches eingesandte Gedicht wegen seiner allzu leichtfertig optimistischen Formulierung nicht aufgenommen wurde —, wenn etwa jemand schrieb: „Vertreibt sie aus den Betrieben! Sperrt sie aus!“

Es zeichnen sich schon praktikable Vorschläge ab: insbesondere im Bereich der Mitbestimmung, Solidarität und Gewerkschaftsarbeit. Ebenso selbstverständlich dürfte es sein, daß sich viele Schreiber beim Verfassen ihrer Texte an Vorbildern orientieren, teils bewußt ein literarisches Erbe fortsetzend, teils um die Angst vor dem Schreiben überhaupt zu überwinden und um zu einer eigenen Identität zu kommen. Bei der Zusammenstellung in fünf Abteilungen haben wir die zahlreichen Kurzgedichte an verschiedenen Stellen eingebaut. Gerade das Kurzgedicht behauptet sich im politischen Tageskampf als schlagfertige Erwiderung.
Diese Sammlung versteht sich als Anfang — auch um jenem Vorurteil zu begegnen, Gedichte könne man heutzutage weder lesen noch schreiben. Vor allem die unkomplizierte Direktheit mancher Texte widerlegt solche Annahmen. Wem an einer kämpferischen Haltung für eine Kultur der Arbeiterklasse gelegen ist, dem bieten diese Gedichte reiches Material. Sie werden hingegen den nicht befriedigen können, der sich bei der Lektüre an einer gediegenen Bewältigung des Lebens und seiner Nöte durch ein starkes Individuum erfreuen will. Gewiß läßt sich die geforderte Leichtigkeit des Gedichtes, seine intellektuelle Ironie, bei der Härte der politischen Auseinandersetzung nicht mit einem Handgriff aus der Schublade ziehen. Immerhin ist da zu lesen, wie Sprache schon befreite Inhalte beschreiben kann, wie der Reim wieder möglich wird, wie die Schreiber sich allesamt nicht mehr als Einzelkämpfer verstehen, wie Realität vermittelt werden kann und unter welchen schwierigen gesellschaftlichen Bedingungen eine solche Literatur entsteht.

Godehard Schramm / Bernhard Wenger

1. Abteilung

Manfred Eichhorn

Lohnarbeit

900 Mark netto
davon gehen ab
290 Mark für Miete
davon gehen ab
50 Mark für die Straßenbahn
davon gehen ab
500 Mark Wirtschaftsgeld
für die Frau und
die Kinder brauchen was
anzuziehen und
der Winter steht vor der Tür
davon gehen ab
20 Jahre meines Lebens
gehen davon ab

Das Humane an der Leistungsgesellschaft ist,
man hat lebenslänglich Bewährungsfrist.

Liselotte Rauner

Rudi Bergmann

Hamburger Arbeiter und sein Leben
(nach einem Bild von Heinrich Vogeler)

Er trug die Unruhe von Haus zu
Haus. Er durchschritt die Leere der
Räume. Füllte sie auf.

Stellte auch dann noch Fragen
wenn keiner der Herren mehr antworten
konnte. Der Hunger und die Traurigkeit
waren ihm nicht fremd.

Er war zuversichtlich wenn
die anderen wehmütig klagten. Gab
seinen Namen für den Frieden her.
Wär er noch bei uns würde er
an Samstagen die sonnen-hungrigen
Einkaufsbummler aufwecken. Freundlich
von ihnen eine Spende für Vietnam
erbitten.

Reden, so erzählt man sich, hat
er gehalten. Obwohl ihm das
Wort nur schwer ging über die
aufgesprungenen Lippen. Hie und
da mußte er schweigen!

Den Kampf seiner Klasse führte
er mit List. Er las Verse
und Lenin.

Er organisierte Streiks und
Demonstrationen. Im Gefängnis
war er öfters als in
einer Galerie. (Sein Bild hängt
heute in der Leningrader Eremitage.)

Manchmal schlief er schlecht wegen
dem Schmerz in den Schultern. Vom
Schleppen der Säcke.

An stillen Abenden
es gab derer nur wenige
gedachte er der Jahre die
unwiderruflich dahingingen. Er
suchte die schwarzen Ringe unter den
müden Augen zu deuten.

Viele seiner Erinnerungen waren
wie Frühjahrsregen! Sie hingen in
den Kleidern. So lange schon.

Er machte Fehler. Manchmal gar
für einen Herzschlag lang
schwankte er ohne je zu fallen!

Jürgen Kumlehn

Zwei Kollegen auf Fernmontage

Mein Kollege Max W.
wohnt in A.

Unser Kollege
Ernst K. wohnt in B.

Die Firma
schickt
Max W. auf eine Baustelle
in B.

Unser Kollege
Ernst K. muß
zur Baustelle in A.

Beide
haben den gleichen Beruf.
Beide
führen die gleiche Arbeit aus.
Beide
müssen sich ein Zimmer nehmen.
Am Ort ihrer Baustelle.

Von Montag
bis Freitag
sind sie ihren Familien fern.

Marion Obieglo

Eine Verkäuferin

Eine Verkäuferin arbeitet in erstickender warmer Kaufhausluft;
trotz Klimaanlage.
Eine Verkäuferin steht den ganzen Tag auf den Beinen oder läuft herum;
natürlich kann sie sich hinsetzen, aber wie sähe das vor der Kundschaft aus?
Eine Verkäuferin möchte gern ihre 40-Stunden-Woche haben;
kann sie auch, aber dann muß die Kollegin das Doppelte leisten.
Eine Verkäuferin ist am Umsatz beteiligt;
dafür muß sie den ganzen Tag rennen, schwitzen und hetzen.
Eine Verkäuferin möchte gerne Urlaub machen;
kann sie auch, aber sie muß sich an die Betriebsferien halten.
Eine Verkäuferin möchte gerne selbständig arbeiten;
kann sie auch, aber sie muß sich ebenso um die Ausbildung der Lehrlinge kümmern.
Eine Verkäuferin muß nett und freundlich zu den Kunden sein;
darf sich dafür auch ab und zu vom Chef mal anschnauzen lassen.

Harald Kruse

Es fragte
eine Mutter
einen Dorfschullehrer:
Warum haben Sie
meinen Sohn nicht
mit vorgeschlagen
fürs Gymnasium
oder die Realschule,
er hat doch
das Zeug dazu . . .

Und bekam zur Antwort:
Glauben Sie
ich will
nur noch die Dümmsten
der Klasse
hierbehalten?

Schulzeugnis für die BRD

Zahl der Lehrer: ungenügend
Fehlen der Lehrer: unentschuldigt
Ausbildung der Lehrer: mangelhaft
Lehrpläne: siehe Vorjahr
Klassenurteil: unsere Schule bleibt sitzen –
trotz Einführung der Mengenlehre
in der Grundschule

Peter Schütt

Peter Schütt

Kontraste

Wer in Hamburg
aus dem Dammtorbahnhof
kommt, sieht zur Rechten
den imposanten Gebäudekomplex
des neuen Congress Centrums

und zur Linken

Baracken: Behelfsbauten
der Universität.

Auf der einen Seite
eine mächtige Reklametafel:
Hotelbetten
von hundert Mark aufwärts,

Kongreßsäle
ab zweitausend pro Tag,

sämtliche Räumlichkeiten

für dreißig Mille
inclusive Personal.

Auf der anderen Seite
ein Anschlag: totaler
Numerus Clausus
für alle Fakultäten.

Peter Schütt

Internationale Gartenbau-Ausstellung Hamburg 1973

„Für nur drei Mark Eintritt
erleben Sie ein Blütenparadies,
wie es Deutschland
nie zuvor gekannt hat.“

Üppig schießen die Preise
ins Kraut: Toilettenbenutzung
fünfzig Pfennig, Schließfachgebühren
eins-zwanzig, eine IGA-Rundfahrt
vier Mark — das ist reiner Wucher!

Die Werbung treibt die seltsamsten Blüten:
„Naturerlebnis inmitten der Großstadt“
oder „Lebensqualität der Zukunft“.
Der Rummel wächst sich aus
zum handfesten Betrug.

Überall blühen die Versprechungen,
es wachsen die Preise, und es
gedeiht der Beschiß.

Was hier floriert,
ist einzig und allein
der Profit.

Aletta Eßer

Unfreiwilliger Selbstmord

Quecksilber war in dem Fisch,
den ich gestern aß.
Heute gibt es Obst,
chemisch haltbar gemacht.
Kartoffeln, gedüngt mit Phosphat.
Morgen kaufe ich
Fleisch mit Chinin
und DDT-gespritzten Salat.
So bringe ich mich langsam um.

Blei

Es traf keine Kugel
kein Rotarmist
kein Aufrührer legte an
es hat dich vollgepumpt mit Blei
der alte unheilige Clan
die Chemietrustcompanie.

Christine Spöcker

Gedenktag

Etwas besseres als
Heldentod
ist ihnen nicht eingefallen!

Harald Kruse

Hermann Spix

Umweltschutz

Endlich
ist einer großen
Farbenfabrik
der durchschlagende Erfolg
im Kampf
gegen
die Umweltverschmutzung
gelungen

Ab Stromkilometer 475
ist der Fluß
blau
wie das Mittelmeer

Logik

Wie friedlich wär die Welt und schön,
wenn die, die uns vorleben, wie schön das Sterben ist,
uns vorsterben würden – wie schön das Leben ist.

Klaus-Peter Wolf

Kurt Karl Doberer

Nach uns die Sintflut

Das Bundesministerium
des Innern
TRARA
hat mit herrlichem Getöse
TRARA
ein Sofortprogramm
für den Umweltschutz
verkündet
TRARA TRARA TRARA

Mit gewaltigem
Wortschwall
werden die
Entscheidungen
in kommende Jahre
verschoben

Es werden Apparate
in Auftrag gegeben
mit denen
rein wissenschaftlich
die Dinge
berochen werden sollen
die nach
allgemeiner Ansicht
bereits
zum Himmel stinken

Armin Kerker

Herbstmanöver im Ruhrgebiet

„Mit der Anschaffung
motorisierter Barrikaden-Räumer
und besser schützender
Polizei-Uniformen
rüstet sich
die nordrhein-westfälische
Polizei
auf erwartete
Tarifauseinandersetzungen
im Herbst . . .
Die Umrüstung der Polizei
für die Herbstmanöver
kostet
17 Millionen Mark."
(Wirtschaftswoche, 22. 6. 1973)
Nach der bisherigen Praxis
der Justiz,
die das Delikt
der „Anreizung zum Klassenkampf"
aus guter alter Zeit
umwandelte in
„Aufstachelung zu Haß,
Gewalt- und Willkürmaßnahmen
gegen

Teile der Bevölkerung“
(§ 130, StGB),
erfüllt die Polizei hiermit
den Tatbestand der
„Kriminellen Vereinigung“,
wobei zu unterscheiden wäre
zwischen
„Rädelsführern“, „Hintermännern“,
„Tätern“,
zu letzteren zählt auch,
wer die „Vereinigung“ nur „unter-
stützt“
(§ 129, StGB).

Zum Schutze der Bevölkerung
und öffentlicher Ordnung
ist zu fordern:
Auflösung der Vereinigung,
Bestrafung und Berufsverbot
der
Rädelsführer, Hintermänner,
Täter.

Peter Schütt

Hamburger Sommer 73

I
„In der ganzen Stadt
ist Platz für unsere Kinder“,
erklärte Bürgermeister Schulz
zur Eröffnung der Kampagne
„Hamburg hat Herz für Kinder“.
Platz für Kinder: das sind
genau ein Viertel Quadratmeter
Kinderspielplatz für jedes Kind,
gegenüber:
fünf Quadratmeter Auslauf
für jeden Hund, fünfzehn Quadratmeter
Stellfläche für jedes Auto,
gegenüber:
einen Quadratkilometer
für Axel Cäsar Springers Erholung,
fünf Quadratkilometer
für die Luft- und Wasserverschmutzungsanlage

Spielen der Kin-
der auf dem Hof
ist verboten! Der
Aufenthalt vor
der Haus-
tür das
Spie- len

der Kinder aüf
HOF, Flur und Tre
ppen ist verboten
Radfahren, Radfa
h und Ballspielen
sind auf diesem Grund
stück streng unter
sagt das Spielen

des amerikanischen Reynoldskonzerns,
zehn Quadratkilometer
für ein neues Truppenübungsgelände
am Stadtrand.

II
„Mehr Qualität im Nahverkehr",
versprach Wirtschaftssenator Kern
den Hamburgern und erhöhte
die Tarife um ein Fünftel,
stellte die Busse auf Einmannbetrieb um
und verweigerte den Angestellten der Verkehrsbetriebe
Mitbestimmung, Waschräume an den Endhaltestellen
und eine neue Kantine.

III
Einen eigenen Beitrag
zu den Zehnten Weltfestspielen
leistete sich das Hamburger
Landesamt für Verfassungsschutz:
es gab den Behörden beizeiten
den Rat, die geplanten Fahrpreiserhöhungen
Anfang August inkraftzusetzen,
weil dann die Gewähr besteht, daß die aktivsten Rotpunktler
von Spartakus, SDAJ und Juso
weit vom Schuß sind:
beim Festival in Berlin.

Margot Schröder

Ein Balkonschreber
begießt täglich
zehn Pfund Muttererde,
Eigentum verpflichtet.
Für ihn ist der Sozialismus
die Gemeinschaftsantenne
auf der Hochhausebene.

Klaus Tscheliesnig

Nachdem die Mieter
ihre Angelegenheit
selbst
in die Hände genommen hatten,
und den hohen Mietpreis
nicht mehr bezahlten,
entsann man sich
wie unwürdig diese Leute
doch lebten und
riß die Häuser ab.

Margot Schröder

Dort, wo der Rauhputz
Geständnisse zuläßt
steht in ungelenken Druckbuchstaben:
Dieter ist doof
Frank liebt Martina
der Spielplatz ist Scheiße.

Hildegard Matz

hierzulande — heutzutage

man darf alles — man ist frei
hierzulande — heutzutage
man darf gammeln beaten träumen
ruhig bleiben — überschäumen
dösen schuften geldverdienen
reden schweigen lieben hassen

man darf alles bleiben lassen

darf sich die regierung wählen
und parteien zugesellen
darf sich auf die straße stellen
protestieren und marschieren
würfeln knobeln und verlieren

hat man was — man darf's verschenken

und ganz ohne nachzudenken
darf man sich in alles fügen
und sich dabei selbst betrügen
rekeln sich im wohlstandsschein

und so recht zufrieden sein

man darf mächtig konsumieren
und auch andere verführen
man darf mit werbung und parolen
andre menschen auch verkohlen

man haut alles auf die preise

und überhört dabei die leise
frage nach der selbstbesinnung
braucht man da noch mitbestimmung

Klaus Tscheliesnig

Die Sorge um die Preise

Wenn die Einzelhändler von der Not der Not der Preise sprechen
tun sie es wie alle
die mit Arbeitskraft handeln
auch wenn sie nur Mäntel, Hosen und Kartoffeln verkaufen.
Und mitunter zur richtigen Zeit
kommt dann ein Aufschrei ihrer Organisation:
Auch wir sind für stabile Preise.
Wer aber sollte das glauben?
Frau Bauer, während
sie einkauft beim Supermarkt
um die Ecke
oder die fünf Türken
oder du?
Wer aber macht die Preise
für das kleine Geschäft gleich
drei Häuser weiter von der Supermarktkette
wo doch totaler Wettbewerb herrscht.
Im Handel, ein Vorteil wie sie sagen
ein Vorteil der jährlich 10 000 von ihnen zwingt
ihr kleines Geschäft aufzugeben.

Wer aber macht die Preise
bei Karstadt, zum Beispiel, die
peinlich genau die schwarzrotgoldenen Schilder hängen
die Schilder vom totalen Wettbewerb, den sie erhalten wollen?
Die Verkäuferin
über den Ladentisch gebeugt, bemüht
daß alles gekauft wird zu seinem Preis
oder die Aktionäre und ihre Manager
über den Schreibtischen sitzend,
sinnend,
wie sie den neuen Lohnforderungen begegnen können
um weiter hinter den Schreibtischen zu sitzen für
diese Zeit und mit gleichem Gewinn?
Wer also macht die Preise
auf den großen Märkten?

Heini Ludewig

Alte Frau auf dem Markt

Kirschen müssen Sie kaufen, junge Frau.
Süß wie die Liebe.
Und preiswert dazu.
Zwei Pfund Tomaten
und der Salat . . .
macht alles
lassen Sie mich mal rechnen . . .
Wie? Ob ich allein . . .?
Natürlich, wer soll es denn machen?
Bin jeden Morgen um fünf
auf dem Feld.
Macht alles zusammen . . . insgesamt . . .
ja, meine Tochter arbeitet in der Stadt.
Und der Junge, das wissen Sie ja . . .
Stalingrad.
Für das Volk und Vaterland
haben sie mir geschrieben.
Na schön, im Kriege wird immer gelogen.
Wie ist es denn mit Weintrauben
aus Griechenland?
Was können die Trauben dazu?
Also: alles zusammen
drei Mark achtzig, junge Frau.
Und wie ist es mit Kirschen?
Süß wie die Liebe
und rot wie unsere Fahnen.

Lukas Basqué

Mitte Welt zufrieden

weisse ich mach dat so:
wenn mir der Laden stinkt
dann kommen die Kreislaufstörungen
ganz von selps
ganz von selps weisse
ich reagier da nämlich ganz normal
hängsse dich rein in'n Akkord
kennsse nix wie Akkord
— dat is so wie Schießen anne Front
kennsse nix wie Schießen
un wenne dich bekacks vor Angst
ballers einfach klotzt rein
un wenne aufe Uhr kucks
dann bisse nur am Rechnen
watte noch aufholen kanns
nee
dat hälsse nich aus
von Urlaub bis Urlaub.

weisse dat is dä Herzinfarkt vom klein' Mann
wenn ich Männetscher wär
ich krichte die Dinger öfters:
darfsse dich doch nich ganz kaputt machen
wat soll dat auch?

Weißt du, da braucht man Ruhe,
da kriegt man sein Diätfrühstück,
nur kein Fett, was dem lieben Herzen schadet,
kein Kindergeschrei . . .

un alle sin nett zu ei'm
naja kannsse ja auch mal in'n Keller gehn
unne Briketts schön aufstapeln
dat Gartenzäunchen wieder schön anmaln
schön mitte Pinsel in alle Ecken
un mal aufstehen un ankucken . . .
dat is wat!
also weisse ich bin mitte Welt zufrieden.

Hermann Spix

nachruf auf oskar szymaniak

im steckrübenwinter in wanne eickel geboren
die lehre nicht beendet wegen der wirtschaftskrise
in polen, in frankreich und bei stalingrad für führer
und reich die knochen hingehalten
verwundet
gefangenschaft
nach kriegsende schutt geräumt und steine geklopft
als bauarbeiter mit aufgebaut
geheiratet und kinder in die welt gesetzt
im pütt für montan kohle gehackt
invalide geworden bei einem grubenunglück
nachtwächter für wach & schließ
vor einer woche an einem herzinfarkt gestorben

das vaterland hat sich an oskar szymaniak verdient gemacht

wir werden ihm ein ehrendes angedenken bewahren

Die Würde des Menschen ist unantastbar
das schließt jedoch nicht aus
daß man sie in den Griff bekommt
denn Fingerabdrücke
können hier nicht nachgewiesen werden

Liselotte Rauner

Alfred Link

Erwerbsunfähig

Du stehst in der Aussegnungshalle
der Leistungsgesellschaft.
Totenscheindiagnose —
Erwerbsunfähig.
Aber du bist weniger als ein Toter.
Die Aussegnungshalle ist Durchgangsstation.
Du mußt auferstehen.
Auferstehen als Rentner.
Und dein Wert in dieser Kaste wird erst gemessen.
Wie an der Börse wirst du gehandelt.
Die Aktie heißt —
Aufrechnungsbescheinigung.

Und das geht nach dem Motto:
Wo viel ist, kommt noch mehr dazu.
Du erfährst sehr bald,
daß Arbeit niemals gleich Arbeit.
Weh dem armen Schwein,
das malochte.
Aber —
im Schatten der D-Mark stand.
Heil dem Manager
Auf der Kommandobrücke der Wirtschaft!
Ihm bleibt ein hoher Aktienwert.
Zwei taten das gleiche —
Arbeiten!
Da lacht die Elster schadenfroh . . .
Wenn zwei das gleiche tun,
ist es noch lange nicht das gleiche . . .

Willy Reichert

Nach einem Arztbesuch

Ich bin
ein sogenannter
mittelschwerer Fall.
Diagnose: ungesichert.
Da spielt zuviel mit
was nicht meßbar ist.

Es gibt eine Scham
die gebietet
Schmerzen zu verschweigen.
Drei Jahre im Dreck
damals in Rußland
und danach
fünf Jahre hinter Stacheldraht
sind labormäßig nicht zu erfassen.

Gottvater im weißen Kittel
weiß wahrscheinlich
auch keinen Rat.
Er sagt: eine Kur
wäre das beste.
Er sagt: Weniger engagieren
bei den schwachen Nerven,
das Seelchen fernhalten
von allem, was problematisch ist.

Ich weiß nicht, was er
wirklich denkt.
Dabei sehe ich nur —
nachts, wenn ich schlafen sollte —
verbrannte Gesichter,
höre Bomben fallen
in Würzburg und Hanoi
sehe Kinder rennen
und Frauen
unbekleidet, ums nackte Leben.

Sehe Heimkinder
mit stumpfen Augen
so weit weg von der Güte
die Liebe zeugt
daß es schmerzen muß.

Sehe mich um Brot betteln
wie damals —
mit ausgestreckten Händen
um Brot
und sehe Kinder
mit aufgetriebenen Bäuchen
die dasselbe tun.

Ist es nicht möglich,
daß sich aus Entsetzen
ein ulcus ventriculi
entwickelt
oder eine Fehlsteuerung
irgendwo im Corpus?
Er sagt, das könne schon sein.

Ich weiß,
daß mir der Freund
im weißen Kittel
nur helfen kann,
wenn ich ein Schmetterling werde,
der über alles hinwegflattert
und nur Blüten sucht.

Millionen
haben dasselbe mitgemacht
wie Sie
sagt er
und haben es vergessen
leben heute gesund, ruhig
und gut.
Warum können Sie das nicht?

Rudi Winkler

Rentner

Dort sitzen sie,
aufgereiht
wie Hühner auf der Stange.

Zehn Meter weiter
rollt der Verkehr
ununterbrochen.

Zu ihren Füßen
ist die Erde aufgerissen
von imaginären Zeichen,
die ihre Stöcke,
hinterlassen haben.

Müde Augen
suchen Fernen,
die es nicht gibt.

So sitzen sie,
ausgepreßte
Menschenreste.

Ausgelaugte
Energiebündel,
und erschreckend
siehst du dich selbst
in ihnen.

Sozialer Rechtsstaat

Banken für Millionäre
Bänke für Rentner

Margot Schröder

Siegfried Mrotzek

Thekenargumente

Nixon fährt nach Peking
und das macht Breschnew
geil vor Wut und
auf Faradiba der
der Schah seit er sich
bei Jackie Onassis den
Tripper geholt hat
nichts mehr tut und
nur noch wichst und
das erregt den Neid von
Schütz weil der nur mit
einer Hand kann und das
wenn er nur dran denkt
besorgt Strauß 'n steifen und
das erklärt seine Aggressivität
und all das beweist
daß viel mehr
sexuelle Zusammenhänge und
Motivationen in der großen
und beinahe großen Politik
mitspielen und darum mußte
Hitler scheitern

Zwei arbeiter trauen sich nicht
in eine gastwirtschaft
weil auf den tischen
weiße Tücher liegen

Günter Müller

Wolfgang Fehse

Komm ick hin zum kaufhäuslichen Tauentzien,
seh ick, wie die Läden mir den Zaster aus de Tasche ziehn,
mit Appell an mein Jefühl und annet Wohlsein,
bunt und glitzernd und mit dumme Sprüche,
kalt, jemein, jehässig und brutal:
denk ick hier, hier lebtet sich nich jut,
denk ick, jeh ick halt woanders hin, nur Mut.

Komm ick dann zu meine liebe Frau nach Hause,
krieg ick gleich die nasse, kalte Brause,
sacht se, ville mehr mußte verdien
für Hosen, Teller, Jarten, Reise und Gardien,

kalt, jemein, jehässig und brutal:
denk ick hier, hier lebtet sich nich jut,
denk ick, jeh ick halt woanders hin, nur Mut.

Komm ick dann in meine anjestammte Kneipe,
protzense mit Zaster, manche laut und manche leise
lächelnd traurig sacht der Wirt wat von erhöhte Preise,
een Besoffner kann Karate, will mir wat vort Maul haun,
kalt, jemein, jehässig und brutal:
denk ick hier, hier lebtet sich nich jut,
denk ick, jeh ick halt woanders hin, nur Mut.

Komm ick dann auf Arbeit, klotz voll rin,
für de Frau, für Hosen, Teller und Jardien,
macht man mich erst recht zur Minna,
hamse uns jekürzt die Zeiten mitn Zeitnehma:
kalt, jemein, jehässig und brutal:
denk ick, hier, hier lebtet sich nich jut,
denk ick, jeh ick halt woanders hin, nur Mut.

Komm ick dahin, komm ick hierhin,
überall is Scheiße in Berlin,
zieh ick ma zurück in meine Wände,
heult die Frau mir wat von kalte Hände.
Undn Kollege is jekommen, der mir voll und voller quatschen tut,
von Jewerkschaft, wo er wat tut:
wer ick mir mal ansehn, jeh'ck mal hin und habn bißchen Mut.

Carl Wüsthoff

Sitzung in Bonn

Reden werden sie
Und reden
Sie werden reden
und sich langweilen
den ganzen Tag
Scharmützeln
werden sie
sich anöden
Vielleicht
sehr geschliffen
bis in die Nacht
Und dann gehen sie ins Bettchen
oder in die Bar
Was für ein schöner Tag
heut doch war!

ganz deutschland war geschockt
als die rundfunkanstalten
vom achillessehnenriß des
fußballspielers uwe seeler
berichten

Manfred Eichhorn

Wolfgang Röhrer

Nachtrag zu den Olympischen Spielen 1972
(nach einem Bericht der „Frankfurter Rundschau“)

Als der Olympier Josef Neckermann
Einzug hielt im Frankfurter Stammbetrieb
hatte die Belegschaft ein paar Stunden frei
je eine Flasche Sekt
und ein Fähnchen zum Schwenken bekommen.

Als Sohn Peter die Laudatio im Namen
der Belegschaft beziehungsweise Familie hielt
(„Hochverehrter Chef und lieber Vater!“)
gedachte er voll Ingrimm des schwedischen Kampfrichters
der Papa nur eine Silberne und eine Bronzene
auf dem Rücken seiner Pferde gewinnen ließ.

Als der Dressurreiter und Großunternehmer
im himmelblauen Jackett und tief gerührt
das Schlußwort ergriff
ermahnte er väterlichst: nun
sei es Zeit sich in die Arbeit zu stürzen
um fürs Unternehmen Gold zu holen.

Auf wessen Rücken
teilte er seinen „lieben Mitarbeiterinnen
und Mitarbeitern“
siegeslächelnd nicht mit.

Peter Schütt

Dein Olympia

Dein Olympia, Kollege:
Um fünf Uhr in der Früh
bist du am Start, kämpfst dich
durch das Verkehrsgewühl
und bist um sechs
auf deiner Spezialstrecke:
acht Stunden Marathon
am laufenden Band.

Sie machen sich
einen Sport daraus,
dich zu hetzen, und
versprechen dir Prämien.
Wenn du nicht spurst,
bleibst du auf der Strecke
oder sie bringen dich zur Strecke.
Und bist du am Ziel,
tragen andere
den Gewinn davon.

Es sei denn, Kollegen,
wir treten gemeinsam
zum Wettkampf an und kämpften
mit vereinter Kraft
für unser Klassen-Ziel!

Harry Böseke

BRD-Glaubensbekenntnis

Ich glaube an die Industrie,
an die allmächtigen Konzerne,
Schöpfer der Krisen und der Kriege,
aller sichtbaren und unsichtbaren Intrigen,
und an die uneingeschränkte Macht des Kapitals
— welche sich wieder festigte in unserem Staate.

Macht durch Geld-Geld von uns
— Profit und Macht durch gezielte Ausbeutung —
gestohlen, was wir erarbeitet.

Eines Wesens mit der Rüstung,
durch sie wird Macht und Ohnmacht verteidigt.

PROFITE
DER
KONZERN
Banknote
TAUSEND
1000
BUNDESBANK
J.S.

Für uns Arbeiter und um unserer Friedlichkeit willen
ist sie uns aufdiktiert worden.

Sie hat Fleisch angenommen durch den Geist der Falschheit
aus uns eifrigen Bewohnern des „freien deutschen Landes“
und ist durch uns Gott geworden.

Dieser Kapital-, Korruptions- und Machtblock wurde gekreuzigt,
unter den Alliierten hat er nur scheinbar den Tod erlitten
und ist demontiert worden.

Er ist wieder auferstanden am ersten Tage,
gemäß der versteckten Reserven.

Er ist aufgefahren in die Spitzen der Regierungen
und sitzet zur Rechten im Bundestag.

Er ist wiedererstanden in Selbstherrlichkeit,
Gericht zu halten über Arbeitende und Andersdenkende.

Ich glaube an den heiligen Geist der Verdummung,
den Herrn und Konsumwohlstandsspender,
der von der geheiligten Machtkonzentration ausgeht.

Er wird zugleich mit der Falschheit angebetet
und verherrlicht,
er hat gesprochen durch unsere Volksvertreter.

Ich glaube an die eine, heilige, unfehlbare Regierungsform
unserer westdeutschen Demagogie.

Ich betrachte den turnusmäßigen Gang zur Wahlurne
als Zeichen meiner Mitbestimmung.

Ich erwarte den Untergang der Roten
und das Leben
wie in einer vergangenen Welt.

Siegfried Schwerdtfeger

An der Falzmaschine

Seit Jahren hat Renate das Geräusch im Ohr,
den Geruch von Druckfarbe in der Nase;
täglich schafft sie sechzigtausend Bogen.
Dieser Rhythmus
mechanisiert ihr Leben
steht im Gesicht

zerfasert Gedanken
löst Empfindungen aus
verschluckt sie wieder
beherrscht den Anlegeapparat
hebt Bogen durch Saugluft
schickt sie weiter
macht Bilder endlos
bewirkt Halluzinationen
zuckt in den Händen
ermüdet die Augen —
Wünsche werden mitgefaltet
Hoffnungen geknickt
Lüste erzeugt
Kolleginnen angepeilt
Papierstöße aufgeschichtet
Bogen vom Band befördert
REFA-Normen überwacht
Gefühle zusammengelegt
Jahre zugedeckt
Erwartungen gestapelt
Versprechungen überrollt
die Sinne abgestumpft
manchmal aufgewühlt
dann wieder verwirrt —
Horizonte werden eingeengt
Dimensionen gebrochen
Täuschungen verwischt
Details vergrößert
Zoten ausgespuckt
Reaktionen belauert
Empfindsame verspottet
schwache Nerven überreizt
Lachsalven gestoppt
Schimpfworte registriert
Uhren verglichen
Papierstöße aufgeschichtet
Bogen durch Saugluft gehoben
weitergeführt und gefalzt.
Am Freitag bekam Renate einen Ekelanfall.
Diese Woche lief dreihunderttausendmal
ein Penis durch die Maschine;
fleischfarben und steif aneinandergereiht.

Rudi Winkler

Mach mal eben

Mach mal eben
sagte im Vorübergehen
der Vorarbeiter,
gab mir die Arbeit
und ging weiter.
Kaum angefangen
sah ich die langen,
wohlbekannten
Meisterschritte.
Hielt bei mir an,
sagte dann:
Meier,
stellen Sie doch eben
Presse drei
auf Artikel zwei,
muß gleich geschehen.
Da schlug die Tür.
Der Boß persönlich.
Meister stand Spalier,
geneigten Hauptes,
so wie gewöhnlich,
wenn der Chef erschien.
Der sprach mich an:
Meier, schauen Sie mal eben,
mein Wagen springt nicht an.
Ich ließ das Werkzeug fallen,
dachte im Gehen,
daß von diesem „Mach mal eben“
viele Vorgesetzte leben.

Jürgen Stelling

beruf verfehlt

er ist unnatürlich und unlebendig
er ist schwer beweglich
er ist müde er ist schlapp
er wendet seine dürftigen kenntnisse
wenig oder gar nicht an
er bemüht sich nicht
er rechnet schlecht
er macht viele fehler

er spricht ein mangelhaftes deutsch
er zeigt mangel an takt
er zeigt mangel an höflichkeit
er stellt dumme fragen
er paßt sich nicht an
er denkt nicht mit
er kann nicht zuhören
er fällt ins wort
er überzeugt nicht
er hält das lager nicht in ordnung
er liegt immer unter der verkaufsquote
er steht herum
er kommt oft zu spät
er fehlt oft
er verträgt keine kritik
er hat eine lange leitung
er sieht keinen zusammenhang
er ist subjektiv
er kann sich nicht einfühlen
unter diesen umständen
sehen wir uns gezwungen

Glück gehabt –
dachte der Angestellte,
als er abgehetzt
ins Geschäft kam
und der Lift
gerade da war:
So kam er nur
eine Minute zu spät.

Glück gehabt –
dachte der Spekulant,
der die Aktien des Unternehmens
in der Baisse gekauft hatte
und sie jetzt
mit Gewinn
abstoßen konnte.

Siegfried Grundmann

Rigo Ros

Ballade von der Akkordarbeiterin Berta, Meister Kraus, seiner Schreiberin und dem Einsteller

Berta schaffte im Akkord an die siebzehn Jahr
und fühlte sich immer gedrückt.
Da wurde sie krank, drei Wochen, das war
für Meister Kraus in der Suppe das Haar
und er schrie sie an wie verrückt.

Er meinte, ‚wirst jetzt die längste Zeit
im Betrieb gewesen sein!'
Doch war ihr Junge noch nicht so weit;
der Betriebsrat hatte mit Kraus da Streit
und jemand sagte: ‚Das Schwein'.

Klemme her,
Schraube rein,
Schiene dran.
Fünfmal schlägt das Herz —
fertig ein Stück.
Zwölftausend am Tag.
Und wieder nur
ein Leidenstag?

Meister, wenn du ein Ausbeuter wärst
würd ich begreifen, was du begehrst.

Dreihundert wurden entlassen und sie
machte da ‚freiwillig' Schicht.
Die Angst um den Arbeitsplatz führte Regie.
Da verstand sie die Klassenideologie
und sagte, ‚so bleibt das nicht'.

Der Kraus schob sie auf 'nen anderen Platz;
die Hitze war dort ordinär.
Sie schaffte nicht den Vorgabesatz.
Die Schreiberin trieb sie an wie zur Hatz
als ob das gar nichts wäre.

Klemme her,
Schraube rein,
Schiene dran.
Fünfmal schlägt das Herz —
fertig ein Stück.
Zwölftausend am Tag.
Und wieder nur
ein Leidenstag?

Schreiberin wärst du ein Aktionär
würd ich begreifen, was dein Begehr.

Die Maschine tropfte und Berta wurd naß.
Der Einsteller stellte sich taub.
Er wollte geschmiert sein, Zigaretten und Fraß.
Da drohte sie ihm, du kriegst zum Spaß
von mir einen nassen Staub!

Bis der das kapierte, ging ein Tag vorbei.
Er trieb es weiter gemein.
Als er sich bequemte, waren's dann zwei
Tage und niemand fand was dabei;

sie
steckte den Nachteil ein.

Klemme her,
Schraube rein,
Schiene dran.
Fünfmal schlägt das Herz —
fertig ein Stück.
Zwölftausend am Tag.
Doch anders war schon mancher Tag.

Einsteller, du bist doch kein Profiteur!
Doch vom Profit kommt solche Gemeinheit her.

Rainer W. Campmann

Auch vom Wilm, der jetzt aufmuckt

1
Da gibts in der Halle unseren alten Wilm
bißchen kaputte Lunge vom Pütt und so
aber sonst, quatscht der Betriebsarzt, kerngesund
und verheiratet, zwei töffte Blagen,
und als Vater da hat er eben keine Zeit;
und der steht und hustend seit fünfzehn Jahren
ungefähr, hinter der Drehbank und, frag ihn
zufrieden — also ist er ne Stange älter —,
wie er sagt, hinter tausend Mark klatsch auf die Hand.

2
Und da hat sich jetzt nun aber was geändert
von wegen und so Sozialpartner so nett
damit kann ihm keiner, auch nicht der Herr, mehr
kommen, weil, und eigentlich ein Zufall
einer zu Haus platt lag im Bett, Knochen kaputt;
und der Wilm mit Erfahrung, schon mal gemacht
und scharf, wie der Meister da winkt und schwänzelt
auf die paar Piepen mehr, pro Tag über zwanzig
und auf ne Hose und ganz neu für den Sohn.

3
Und noch mit ist noch Albert, ne Schnute, nur Wind
und paar Überstündchen da hat er nichts gegen;
also wir drei, wir setzen, packen uns, Wilm fährt
in n Bulli, klapprig, doch achtzig, die macht der noch
und ab aufm Mittelstreifen ab Richtung Bonn
Wasserwerk·da, wo auf Montage malocht
werden soll, aufm Bauch, aufm Kreuz, Arsch in die Luft:
Maloche lang in die Abende, kannst kaum noch
krauchen, von zwei Wochen, die letzte hatte drei.

4
Und Wilm will ja ne Hose kaufen, der Albert
der spinnt vom Fernglas fürn Bolzplatz, dann könnt
er mal sehn wie groß der Ball so ins Tor haut,
und ich? mir steckt der Hintern ganz noch in Schulden;
und am Dienstag da schnappt der Wilm erst mal nach Luft
denn, und er faßt sich, an n Kopp faßt er sich, denn
der Zuschlag, der woanders wohl eingesackt;
und auf Fragen streut niemand Antwort, schlackert
der Meister nur kurz mit n Schultern, schiebt ab.

5
Und Mittwoch keine Minute gefackelt, gleich
hoch auf Treppen mit Teppich und rauf zum Herrn
und da muß man erst bremsen, dazwischen drei Türn
und eine Tippse lacht knusprig aufm Stuhl;
dann sofort, — herein, sofort los wird gequasselt
und der Herr, Schreibtisch in riesigem Zimmer
überall Holz, hockt da im Sessel, Nase in Akten
und blättert Moneten, in Moneten geschäftig
und pustet Zigarre, wir solln nicht so furzen.

6
Und vom Zuschlag, hörn wir doch da, keinen Schimmer
da hätt sich der Meister was aus n Fingern geholt
seit Zeiten wär das nicht mehr drin, wärn ja auch
abends immer zurück mit der Fott bei der Frau gewesn;
zappenduster aber
und vielleicht schon heute: die Herrenuhr
die werden wir noch einstampfen, erst mal was husten
von wegen der Meister, der so schmal dran wie wir;
und wen denn würds wundern heute, kippten wir
den Herrn ausm Sessel, gleich morgen, gleich jetzt.

Wolfgang Röhrer

Das neualte Betriebsverfassungsgesetz*

Unangetastet ließen
die Vertreter des Kapitals im Bundestag und -rat
den Paragrafen 49
der zum Inhalt
den „Betriebsfrieden“ hat.

Unangetastet blieb der Zwang
für die Betriebsräte, nach außen hin
immer zum „Wohl“ des Profits zu entscheiden,.
So zu tun als ob sie
für ihren und der Kollegen Belang
kein Interesse haben zu streiten.
Als ob sie
vertrauensvoll, geheimnishütend, neutral
(Hampelmänner fürs Kapital)
zwischen Boß und Belegschaft hängen
und
das Bewußtsein
zur Arbeiterklasse zu zählen
verdrängen.

Unangetastet vor allem blieb
das Vorrecht für die Unternehmer
jeden Tag, jede Stunde
den Frieden im Betrieb
zu brechen
wenn sie sich davon Gewinn versprechen —
indem sie weiterhin ohne
Möglichkeit zur gesetzlichen Schelte
uns Arbeiter und Angestellte
durch Rationalisierung verschleißen
durch Akkordtreiberei hetzen
durch fehlenden Unfallschutz
töten oder verletzen
mit Preiserhöhung bescheißen
mit Kurzarbeit Angst einjagen
mit Entlassung ihre Willkür beweisen
    kurz: nach Gutsherrenart jederzeit
    ihren Betriebsfrieden
    in Scherben schlagen.

Unangetastet
ist also geblieben
der Klassenkampf
in den Betrieben.

* Der § 49 des BVG von 1952 ist inhaltlich gleich mit dem § 74 des BVG von 1972.

2. Abteilung

Liselotte Rauner

Schreibender Arbeiter

Ich schreibe unbekannt an Unbekannt
und hoffe daß mein Schreiben dich erreicht
am Ersten Mai — beim nächsten Streik vielleicht
drückt einer dir ein Flugblatt in die Hand

noch farbfrisch aus der Werkstatt und in Eile
vom Kollektiv verfaßt gedruckt verteilt
oder ein Kampflied — noch nicht ausgefeilt
kein Meisterwerk — wir suchen manche Zeile

wie einen Schlüssel den du irgendwann
verloren hast — der dir verschloßne Türen
und Tore öffnet die ins Freie führen
damit sie keiner mehr verschließen kann

damit dir keiner mehr dein Recht bestreitet
wird die Erfahrung aus der Arbeitswelt
und wem sie nützt zur Diskussion gestellt
Veränderung durch Schreiben vorbereitet

wir greifen an was unantastbar schien
wir leisten Widerstand wir stellen Fragen
beschreiben Siege oder Niederlagen
als Soll und Haben um Bilanz zu ziehn

ich schreibe meinen Namen möglichst klein
denn viele stehen vor und neben mir
die schreiben groß — wie ich — das Hauptwort „Wir"
die Welt verändern kann man nicht allein

wir schreiben unbekannt an Unbekannt
aus Ehrgeiz nicht — Gewinn den wir erstreben
ist Freiheit für ein sinnerfülltes Leben
heißt Mitverantwortung in unserm Land

Christian Kneifel

Freiheit

Ich habe die Freiheit —
als Kinder armer Eltern — dumm zu bleiben
Ich habe die Freiheit —
für andere zu arbeiten
— Werte für einige wenige zu schaffen
— grad soviel Lohn zu erhalten, wie zum Erhalt meiner Arbeitskraft notwendig ist
— Arbeitslosenunterstützung zu zahlen, weil Krisen bei uns periodisch auftreten
Ich habe die Freiheit —
bei Kurzarbeit und Entlassungen der Leidtragende zu sein
Ich habe die Freiheit —
Berufe zu erlernen, die schon heute nicht mehr gebraucht werden

Ich habe die Freiheit —
der Illusion, einmal Millionär zu werden
— in Wirklichkeit aber als Dritter-Klasse-Patient
zu sechst auf einem Zimmer oder im Gang eines Krankenhauses zu liegen
Ich habe die Freiheit —
Waffen für Portugal, Spanien und Griechenland herzustellen
mit Steuergeldern Kolonialkriege zu finanzieren
Ich habe die Freiheit —
zu protestieren und mich niederknüppeln zu lassen
Ich habe die Freiheit —
über Demokratie zu reden

Also habe ich mir die Freiheit genommen
über unsere Freiheit zu schreiben
um Verbündete zu finden
im Kampf gegen unsere Unfreiheit.

J.S.

Horst Hensel

Marx und Engels

(Eine Einschätzung unter Zuhilfenahme von Brecht)

Wohin sie gehen
geht hin die Befreiung.
Wo sie hingehen
geht hin die Revolution,
geht hin die Kritik.
Die Empörung wartet
schon
dort
wohin sie gehen.

Die Empörung wartet.
Die Kritik kommt.
Die Revolution bleibt.
So zieht sich ein roter Faden durch unsere Geschichte.
Wohin ihr geht —
wir gehen mit:
kritisch,
selbstkritisch,
uns nach den Umständen nützend,
und so euch anwendend.

Eure Sache
ist unsere Sache,
denn unsere Sache
ist eure Sache.

Bewußtsein
verdanke ich
der Arbeiterpartei
den Genossen und
sozialistischen Klassikern.
Jetzt
weil ich krank bin,
weil ich nicht mehr
dabei sein kann,
ist mir auch das
bewußt.
Nun kämpfe ich so
Genossen
wie ich noch kann –
ich schreibe.

Artur Troppmann

Maria von Fransecky

Das Richtige lernen

Ab 8 Uhr morgens
bis zirka 14 Uhr oder später
müssen wir
   hinter schwarz-braune Schulbänke gedrückt —
zuhören, was uns die Lehrer erzählen.

In Deutsch, Geschichte und Gemeinschaftskunde
ist es mir,
als würden die schwarz-braunen Schulbänke näher rücken.
Es wird erzählt von den Kriegen
   von den großen Männern, deren Namen wir wissen müssen.
Es wird erzählt, daß die Nachfrage den Preis regelt
   und daß von der Planwirtschaft nicht viel zu halten sei.
Es wird erzählt von den großen und modernen Dichtern,
   die aber schreiben nur für eine Minderheit.

Niedergeschlagen
verlassen wir die Enge hinter unseren Schulbänken,
wissend oder
wenigstens spürend,
daß wir nicht das Richtige lernen.

Manche von uns jedoch
haben das Richtige schon erkannt.
Und so begegnen wir uns wieder
abends auf den Sitzungen
lernen dort
   — nicht hinter schwarz-braunen Bänken —
vom Kampf der Arbeiterklasse
   von ihren Siegen und Niederlagen,
lernen von der Notwendigkeit der Planwirtschaft
und von jenen Dichtern, welche nicht für eine Minderheit,
sondern für uns gedichtet haben.
Lernen
und oft wird es spät
und wir werden müde.

Peter Schütt

Schulung, Theorie und Studium

Genossen, ihr alle spürt:
unser Kampf ist kompliziert.
Nur mit ehrlichem Gefühl,
mit revolutionärer Parole,
mit Draufloshauen und Stechen
läßt sich die Macht der Monopole
heute nicht und morgen nicht brechen.
Klassenkampf ist kein Zwischenspiel!

Noch verkleistert die Bourgeoisie
die Gehirne von Millionen:
mit christlich-sozialer Demagogie
oder mit den Illusionen
der rechten Sozialdemokratie.

Da genügt es nicht,
bloß ein wenig herumzukritteln.
Überzeugen oder nicht,
das ist hier die Frage.
Nur mit der ganzen Wahrheit,
mit der Einsicht in die Klassenlage
sind die Massen zu gewinnen.

Willst du Klassenbewußtsein vermitteln,
brauchst du die Theorie,
brauchst du ideologische Klarheit,
mußt du bei dir selber beginnen.
Lernen ist beschwerlich,
aber die Schulungsarbeit unentbehrlich.

Denn die Theorie, Genossen,
kommt nicht als Heiliger Geist
vom Himmel herabgeflossen.
Unsere Praxis beweist:
der Marxismus ist eine Wissenschaft.
Willst du Marx und Lenin kapieren,
mußt du ihre Werke studieren:
erst das gibt dir Überzeugungskraft.
Gegen Sozialpartnerei,
gegen Spinner- und Spaltertum
hilft nur die Theorie der Partei,
hilft nur theoretisches Studium.

Nein, denkt nicht, es genügt schon,
sich als Revolutionär zu fühlen!
Wer die UZ nicht liest,
die Thesen nicht kennt
und die Schulung verpennt,
der verschießt
seine Munition,
ohne zu zielen.

Erasmus Schöfer

Kollegen Tollers fragen Lu Hsün

Auf unsere besorgte Frage,
ob Aussicht besteht,
daß wir mit unsern scharfgemachten Worten
Die Arbeiterklasse unsres Landes anleiten
zur Selbsteinsicht in ihre Lage
und endliche Befreiung,
antwortet Lu Hsün:
Die Wohlgenährten können die Hungernden lieben,
doch die Verhungernden lieben die Wohlgenährten nicht.

Die Antwort des chinesischen Kollegen
bestätigt die Erfahrung,
daß unsern weitreichenden Vorschlägen
nicht entsprochen wird.
Wohlgenährte Ratgeber
spenden aus ihrem reichen Wortschatz.
Unsre Sätze wagend
schicken wir das Leben der Beherrschten
in den Kampf.

Aber käme
Veränderung in Sicht,
nämlich bei uns Wörterreichen,
wenn wir uns als Verhungernde verstünden,
als die Verlorenen
in dieser ausbeutenden Gesellschaft,
von den Machthabern ausgespielt,
und weit entfernt noch
von der Erfahrung und Stärke
des Proletariats?

Manfred Schwab

Meinen Freunden, den Konkreten

erdICHtete
WIRklICHkeit

ICH
lICHt
belICHte
berICHte
verdICHte
vernICHte
ICH
dICHter
ICH
nICHts

WIR
selbstverWIRklICHer
WIR
unverWIRklICHten
WIR
WIRkungslosen
WIRlosen
WIRr ICHe

Schnecke im Gras(s)

Sie kriecht nach Schneckenbrauch, auf ihrem Schneckenbauch.
Die Schleimende denkt schlicht: Wer kriecht, der stolpert nicht. Sie zieht die Fühler ein, sie macht sich klitzeklein – vor Blattlaus, Wurm und Zecke –, so mutig ist die Schnecke.
Sie wagt sich nicht heraus aus ihrem Schneckenhaus. Läßt Umwelt Umwelt sein, die Schleimspur trocknet ein.
Sie kann nicht aufrecht gehen, sonst würd' sie längst die Stiefel sehen; und alle Schneckenkinder nicht minder.
Zermalmt bleibt auf der Strecke – die Schneckentemposchnecke.

Richard Limpert

Carl Wüsthoff

H. Courts-Mahler

Eine Eiche wird kein Christbaum — würd sie auch wohl hundert Jahr
Unser kleines hübsches Clärchen — aber wird in einem Märchen
Eine Gräfin wohl sogar.
H. Courts-Mahler
hat dies Märchen
schon der Oma aufgetischt.
Und der Bertelsmann und Springer
diese großen Freudenbringer
Sind auf dies Rezept erpicht.
Die haben für uns noch 'ne Königin
Und einen schmucken Prinz.
Die Königin hat ein Freud ein Leid
Der Prinz der schielt nach jedem Kleid.
Der heiratet dann — wie schrökelich — am Ende dann noch bürgerlich.
Dann gibt's auch noch den schönen Chef
Den klugen Doktor — ohne Geld
Die beiden haben auch 'ne Frau — doch nehmen sie es nicht genau.
Man kann da also — wenn man wollte
Wie es Courts-Mahler es schon konnte.
Dies große bunte Karussell — von Lieb und Leid und Freude
Das dreht der Springer — Bertelsmann
Im altbekannten Kreise.
Da gibt es keine Arbeiterin
Oder gar eine flotte Gewerkschafterin.
Bei Mahler bei Springer bei Bertelsmann
Fängt die Frau erst bei der Sekretärin an.
Und die ist nur schön — die hat nur Charme.
An Sorgen ist sie so ziemlich arm.
Die Gewerkschaft — Na. Die liegt ihr fern
Die hat ja auch der Chef nicht gern.
Also,
da denken wir anders
meine Damen und Herrn
Die können uns mal
wo wir's hätten gern
Die sollen sich ihre Romanfrauen in Watte packen
wir sind andere Frauen — wir können auch Nüsse knacken.

Christian Schaffernicht

Die Freiheit, freier Mitarbeiter zu sein

Wir, die freien Mitarbeiter,
die freischaffenden Graphiker,
Schriftsteller, Photographen
und alle, die zu uns gehören,
stehen auf Abruf bereit,
rennen um die Aufträge
der Verlags- und Konzern-Herren,
um die kleinen wie um die großen.

Schenken sie uns ihre Gunst,
müssen wir ihre Aufträge
von heute auf morgen ausführen,
und treffen wir nicht ihren Geschmack,
so sind sie so frei
und nehmen einen anderen Freien.
Ja, so frei sind wir,
frei von dem Recht auf Arbeit.

Nehmen sie unsere geleistete Arbeit an,
speisen sie uns mit einem Hungerlohn ab,
und bestehen wir auf unseren Forderungen,
drohen sie uns, das nächste Mal
seien sie so frei
und nähmen einen Freien.
Ja, so frei sind wir,
frei von tariflicher Sicherheit.

Und bezahlen sie unsere getane Arbeit nicht,
müssen wir uns, die wir laut Gesetz
gleichberechtigte Unternehmer sind,
Durch ihre Justiz-Hierarchie hindurchhungern,
und inzwischen sind sie so frei
und nehmen einen anderen Freien.
Ja, so frei sind wir,
frei von gleichem Recht.

Und sind wir mal krank
und können nicht arbeiten,
haben sie keine Last mit uns,
mit Krankengeld und Arbeitsausfall,
denn dann sind sie so frei
und nehmen einen anderen Freien.
Ja, so frei sind wir,
frei von sozialer Sicherheit.

Wir, die sogenannten Freien,
zollen unseren Tribut einer Freiheit,
die nur den reichen Herren dient,
nicht uns. Und damit diese Herren
    nicht mehr so frei sein können
    einen anderen Unfreien zu nehmen,
ja, da setzen wir uns geschlossen durch,
    denn nur gemeinsam sind wir frei.

Margot Schröder

Stellungskrieg

Die da amtlich beglaubigt wurde
im Personalausweis
ich muß sie stellen.
Sie flog, ein Flugzeug aus Papier
durch die Schreibtischnacht
im Kehlkopf einen Kompaß aus Sprache.

Ich muß sie stellen.
Sie kühlte ihr Hirn mit Schnaps
sie verführte das Wortgesindel
zu Kampfgefährten
gegen Hungersnöte
gegen Bombenterror
gegen das Standrecht der Konzerne.
Als die Worte schwanger wurden
Fragte sie nach der Zukunft der Kinder
und warf sie ins Feuer.

Ich muß sie stellen.
Diese Mörderin ihrer schönen
revolutionären Kinder.
Ich muß sie lehren
in Fließbandkasernen
nicht strammzustehen.
Ich muß sie zwingen
vor Stempeluhren
mit der Zeit abzurechnen.

Ich traf sie am Ende eines Satzes.
Sie hatte gerade den Sozialismus vollendet.
Sie lachte.

zu hause sitzen
seine erfahrungen niederschreiben
heißt das nur
zu hause sitzen
und seine erfahrungen niederschreiben?

Jürgen Spitzer

Siegfried Schwerdtfeger

Er besuchte keine höhere Schule
machte kein Abitur
hatte kein Abschlußexamen
erwarb keinen akademischen Grad —
Er stand vor den Bildungsbarrieren
einer Gesellschaft
die sich zwar demokratisch nannte
aber ungleiche Startbedingungen duldete:
Er durchbohrte die Schranken
in harter Kleinarbeit
füllte die Löcher mit Energie
und sprengte diese Ungerechtigkeit —
Er unterrichtete sich selbst
studierte nach Feierabend
bildete sich mühselig weiter
schlief oft über den Büchern ein:
Manche Prüfung bestand er im Leben
ohne das anerkannte Diplom —
Fabriken und Betriebe
waren seine Universitäten.

Dreiklang

Kunst
für die Kunst

Kapital
für die Kapitalisten

Arbeit
für die Arbeiter

Artur Troppmann

manche Schriftsteller
sehen die Arbeiter
so wie manche Arbeiter
die Schriftsteller

Günter Müller

Rudolf Trinks

Warum ich als Arbeiter schreiben muß

Weil mir der Kugelschreiber
besser in der Hand liegt als das Gewehr
Weil ich lieber die Taste der Schreibmaschine betätige
als die Taste des MGs auf Einzel- oder Dauerfeuer zu stellen
Weil ich lieber mit dem Spaten
Land urbar mache
als mir mit demselben Panzerdeckungslöcher auszuheben
Weil ich lieber einen Gartenzaun errichte
als spanische Reiter herzustellen
Weil ich die Jugend der Welt
lieber in sportlichen Wettkämpfen erleben möchte
und nicht will, daß sie sich auf den Schlachtfeldern zerfleischt
Weil ich mit allen Völkern der Erde
in Frieden und Freundschaft leben möchte
darum schreibe ich
und wenn mein Beitrag mithilft
eine Welt aufzubauen
in der es keine Kriege mehr gibt
und Gerechtigkeit und Völkerverständigung herrscht
dann wäre ich glücklich
etwas getan zu haben
das richtungsweisend für die Völker dieser Erde ist

Die alten müden Genossen
Revisionisten
Moskaugetreuen
Wald- und Wiesenkommunisten
Die vor den Betrieben
unermüdlich
mit Fritz dem Schlosser
Kurt dem Kranführer
über Marx, Lenin und Neckermann diskutieren
scheuen nicht den langen Marsch
der manchen Genossen zu lang wurde.

H. D. Gölzenleuchter

Jürgen Kumlehn

1.
Ein Arbeiter schreibt ein Gedicht.
Wann kommt das schon mal vor?
Das muß erst bewiesen werden.
Ein Arbeiter schreibt doch kein Gedicht!

2.
Schwielen und Blasen erdrücken die Ästhetik.
Eine Blume blüht nicht
zwischen kurzen, dicken, ungelenkigen Fingern.
Ein zarter Keim verendet in der Faust.
Die Faust durchbricht den Stahl.
(Kann sie. Darf sie. Soll sie.)
Und hält den Stiel der Schaufel.

3.
Und der, der von den Massen redet.
Nur nicht mit ihnen.
Dem dabei die Augen glänzen.
Wie
einem Helden auf dem Weg zum Krieg.

4.
Sieh mal, sagt der Chef zum Arbeiter:
mach Überstunden.
Dann hast du mehr Geld.
Dann kannst du mehr kaufen.
Du schlägst zwei Fliegen mit einer Klappe.
Dann hast du zu Hause weniger Zeit.
Du ersparst dir Gedanken.
Gib mir deine Zeit.
Ich bezahle sie dir.
Geld! Geld! Geld!
Zu Hause bezahlt dich niemand.
Wir nehmen dir alles ab.
Und du bekommst noch Geld dafür.

5.
Eine Gesellschaft,
die auf den resignierenden Menschen baut.
Die Resignation erhält das System.
Das System erhält die Resignation.

6.
Nur gut, daß es Resignation gibt.
Die Resignation der Masse.
Die Resignation der Kritiker.
Den zähen Widerstand
dieser Art Gesellschaft
im Kampf.

Günter Hinz

Real

Die Partnerschaftstrunkenen
empfinden meine Worte als unschön,
denn sie zerstören ihre Illusionen,
die mühsam aufgebauten und doch
ständig reparaturbedürftigen.

Ich verwende sie nicht
die neuen verschleiernden Worte.
Anstatt Arbeitgeber sage ich immer noch
Ausbeuter oder Kapitalist.

Der Ausgebeutete, der Werktätige,
der seine Arbeitskraft verkaufen muß,
verkaufen muß, um leben zu können,
heißt bei mir weiterhin: Proletarier.

Ich glaube noch immer nicht daran,
daß neue Worte und andere Bezeichnungen
meine Lage verändern.

Meine Hoffnung
beruht nach wie vor
auf der Veränderbarkeit
der Verhältnisse.

*Ein Arbeiter,
der regelmäßig
gute Bücher
liest,
ist die
längste Zeit
ein „Arbeiter“
gewesen.
Darin sind sich
alle Beteiligten
einig.*

Günter Müller

3. Abteilung

Oskar Schammidatus

Wie das Steigen der Kupferpreise bezahlt wird

1
Nur das kannst du sehen, weil
Andere Bilder gibt es nicht
Im Fernsehen Chile
Zerstörte Hütten, dazwischen
Ein Kindergesicht.

2
Nur das kannst du sehen, weil
Andere Bilder gibt es nicht
Das Kind
Hände über dem Kopf gehalten
Sieht hundert, die Gewehre halten.

3
Nur das kannst du sehen, weil
Andere Bilder gibt es nicht
In deiner Wohnung
Soldaten und Kind, die
Feinde sind.

4
Nur das kannst du sehen, weil
Andere Bilder gibt es nicht
In Chile
Kinder wie viele
Erschossen vom Standgericht.

Hansruedi Meier

Demokratie — Chile bei uns

Erst jetzt wird klar
wie es 68 war, als alle
Wirtschaft und Bundesrat
gegen die Abschaffung der Demokratie
in der Tschechoslowakei
protestierten —
sie meinten ihre Geschäfte
die sie von der Marktwirtschaft erhofft hatten —
das Recht des Volkes
war ihnen damals schon wurst.

Denn heute
wo die Demokratie in Chile erschossen wird
lächeln sie fein
befragt darüber, verwickeln sie sich
in widersprechende Ausreden
Schweigen bringt Gold
und das Volk ist ihnen
hier wie dort wurst.

Chile 1970—73

Die Demokratie
räumt der Reaktion
die Freiheit ein, Salvador Allende
die Volksvertretung mit Waffengewalt abzustreiten.

Im dritten Jahr war sie so frei.

Christian Schaffernicht

Christian Kneifel

Sacharow
Solschenizyn
Jakir,
um sie zu nennen,
geistern und spuken
durch die Presse.
In Chile wird geputscht!
Jeder, jeder einzelne der Verfolgten
in Chile wiegt so schwer wie sie,
wenn nicht schwerer.
In Chile strebten sie dem Volk zu
die Miguels — die Pedros.
Wer schreibt über sie?
Es lohnt zu überschlagen.

Chile, Sept. 73

Wieviel Blut doch aus so einer
kleinen weißen Taube regnen kann.
Man will es kaum glauben.
„Aber selbstverständlich, gnädige Frau,
Ihr Hut kann gereinigt werden.“

Kurt Märzhäuser

Wolfgang Beutin

Die Logik der Reaktion

Als in Chile
die Kräfte der Reaktion
ermordeten
den Präsidenten Allende und
stürzten
die Regierung der Volkseinheit, lieferte „Die Welt“
die
„historische Rechtfertigung eines Umsturzes aus der
Notwendigkeit heraus, die verfassungsmäßige Ordnung
im Lande wiederherzustellen“.
In Chile, wo die verfassungsmäßige Ordnung bestand,
wurde gestürzt
die verfassungsmäßige Ordnung, doch es sprechen
die Kräfte der Reaktion
in Westdeutschland,
es sei der Sturz die
Wiederherstellung der verfassungsmäßigen Ordnung, die
nicht mehr bestand.
Wir sind gewarnt!
Sprechen
die Kräfte der Reaktion
in unserem Land, es sei
gefährdet
die verfassungsmäßige Ordnung
in unserem Land, oder sie sei
unexistent,
so ist es gewiß:
die Kräfte der Reaktion
in unserem Land
gefährden
die verfassungsmäßige Ordnung;
sie schicken sich an,
durch den Sturz der verfassungsmäßigen
Ordnung (die wird in Wahrheit gefestigt sein)
„wiederherzustellen“
„die verfassungsmäßige Ordnung im Lande“.
Uns zeigt Chile, das Beispiel,
was dies bedeutet.

Rainer Hirsch

An den Bundeskanzler und Friedensnobelpreisträger Willy Brandt

Wenn in Chile Arbeiter
niedergeschlagen,
niedergeknüppelt,
niedergeschossen werden,
weil sie für ihr Recht auf
Arbeit und Brot kämpfen,
für ihr Recht
auf ein menschenwürdiges Leben,
wenn in New York
am nächsten Tag,
an der Börse
die Kupferpreise
blitzartig
in die Höhe klettern,
dann
kann es für uns
nur heißen,
Herr Bundeskanzler:
Achtung!
Vor diesen
nordamerikanischen Freunden
wird gewarnt!

Panos Voglis

Der Stellvertreter

Die Partei und das Nobelpreiskomitee
Und das Volk der Bundesrepublik
Haben ihn gewählt
Als Stellvertreter des Friedens.

Gegen den Auftraggeber des Krieges
Der die Länder verwüstete
Und Städte bombardierte
Wie Warschau und Guernica.

Ein Werk des Friedens wird zerstört
Vom Auftraggeber des Krieges
Er bombardiert die Stadt Hanoi
Und der Stellvertreter schweigt.

In der Partei und im Nobelpreiskomitee
Und beim Volk der Bundesrepublik
Wird gefragt, warum schweigt
Der Stellvertreter des Friedens.

Im verwüsteten Lande Vietnam
Fragt auch das Volk danach
Wie der Frieden schweigen kann
Vor dem Auftraggeber des Krieges.

Nein sagt das Volk von Vietnam
Der Frieden kann nicht schweigen
Nur die Stellvertreter schweigen
Wenn sie den Frieden verraten
Und den mörderischen Krieg vertreten.

Peter Sauernheimer

Wer ist die Militärjunta?

Seit eurem Machtantritt habt ihr euch vor der Öffentlichkeit mehrmals als die Retter Chiles ausgegeben.

Doch wir wußten schon vorher, wer ihr wirklich seid.

Ihr seid nicht der Arzt
Ihr seid die Pest.

Ihr seid nicht das Ganze
Ihr seid der Rest.

Ihr seid nicht das Licht
Ihr seid das Dunkel.

Ihr seid nicht die Wahrheit
Ihr seid die Lüge.

Ihr seid nicht die Offenheit
Ihr seid die Intrige.

Ihr seid nicht das Eisen
Ihr seid der Rost.

Ihr seid nicht die Wärme
Ihr seid der Frost.

Ihr seid nicht die Wiege
Ihr seid das Grab.

Ihr seid nicht das Glück
Ihr seid die Not.

Ihr seid nicht das Leben
Ihr seid der Tod —

und von euch wird nichts bleiben
als eine schreckliche Erinnerung.

Im Buch der Geschichte werdet ihr
unter dem Buchstaben M
zu finden sein:

M wie Mörder,
Mörder des Volkes.

Erasmus Schöfer

Das neue Wort

Sohn,
du hast ein neues Wort gelernt:
Chile.
Nicht aus der Schule
kommst du mit der Frage.
Du hörtest mich zu deiner Mutter sagen:
Chile —
und fragst, warum ich das so sage
wie damals:
Angela —
mit dieser Stimme.
Wie so oft:
Vietnam —
mit dem finstern Gesicht,
sagst du.

Chile ist ein Land,
das liegt so weit wie Vietnam.
Und Chile heißt,
daß unser Hauswirt bei der Polizei anruft:
Hier wohnen Kommunisten!
Im Morgendämmern
halten Jeeps vor unserm Haus,
kommen zehn Soldaten in grauen Uniformen,
klingeln nicht, brechen die Tür auf,
stehn an deinem Bett,
Maschinenpistolen, die sind kälter
als die Plastikdinger deiner Freunde,
stehn an deinem Bett,
fragen nach deinem Vater
und du hörst sie sagen nebenan:

Hände hoch! Keine Bewegung!
Doch das ist kein Spiel.
Vor ihren schwarz glänzenden Läufen
geht dein Vater zu den Jeeps,
die Nachbarn schauen aus den Fenstern
und deine Mutter
nimmt dich in den Arm
und weint nicht.
Später sagt sie dir,
ich sei jetzt mit sehr vielen Freunden
im Stadion des 1. FC Köln.
Bald werden wir ihm Essen bringen
und etwas Warmes für die Nacht!
Zusammen packt ihr einen Koffer.
Das ist Chile.

Chile heißt auch,
daß der Hauswirt mittags wieder anruft
bei der Polizei:
Die Mutter ist nicht besser als der Mann
und eine rote Hure!
Abends schon kommen Zivilisten,
Gummiknüppel und Pistolen in den Gürteln,
die lachen diesmal, sind besoffen,
reißen deiner Mutter die Kleider ab,
stoßen sie auf den blauen Teppich
und stecken die Schwänze in ihren Leib
wie Messer,
daß sie schreit und schlägt.
Aber die Männer lachen nur.
Sie gehen durch die Zimmer,
schmeißen Bücher von den Borden,
auch deine: Rotfuchs, Spartacus der Sklavenfeldherr,
machen damit Feuer an im Hof,
obwohl es warm ist.
Sie werfen die Möbel um,
in denen du gewohnt hast,
und scheißen in der Küche
auf das abgerissne Lenin-Bild.
Die Mutter stoßen sie in unser Auto,
du willst mit ihr,
doch sie schlagen dir ins Gesicht
und fahren ab.
Du stehst vor unserm Haus, allein,
und diesmal schaut kein Nachbar
aus dem Fenster.
Das, mein Sohn, ist Chile.

Und Chile heißt,
daß nachts Herr Müller
aus dem Nebenhaus
durch die zerbrochne Tür kommt,
in allen Zimmern hast du Licht gelassen aus Angst,
steigt über Scherben und Möbeltrümmer
an dein Bett,
wo du angezogen nicht schläfst
und nicht mehr weinen kannst.
Er streicht dir übers Haar,
nimmt deinen Bären, deinen Legokasten
und dich mit durch den Garten in sein Haus.
Am Morgen fragt er dich nach unsern Freunden
und bringt dich
zur Familie Zimmermann ins Vorgebirge.
Da siehst du Panzer in den Straßen,
Soldaten, hörst Schüsse, Männer
liegen auf dem Boden, Blut, verbrannte Bücher.

Und du hast viele Tage schulfrei.
Aber die Kinder dürfen nicht mehr
mit dir spielen.
Das ist Chile.

Später sagt dir Doktor Zimmermann,
dein Vater sei schwer krank
und deine Mutter weit verreist —
du glaubst es fast,
denn er ist Arzt.

Noch später hörst du sie im Nebenzimmer leise reden
über die Militärregierung,
und hörst:
dein Vater sei erschossen worden
auf der Flucht
und deine Mutter im Gefängnis Ossendorf
voraussichtlich für lange
weil sie in der Gewerkschaft
Funktionär gewesen ist und
hinter einer roten Fahne ging.

Chile, mein Sohn,
das gab es vor vierzig Jahren
hier bei uns in Deutschland
und kann es wieder geben,
wenn wir nicht wachsam sind
und lernen
aus den Erfahrungen der Sozialisten.

Wenn du jetzt weinst,
mein Sohn,
wie manchmal, als wir
abends dich allein ließen
wegen der Schulung
oder den Sonntagsausflug mit dir
durch die Kölner Straßen machten,
begleitet von viel Polizei und Wasserwerfern,
hörst du —
da haben wir geholfen
Angela Davis zu befrein
und die Bomben aufzuhalten
gegen Vietnams Schulkinder!
Millionen deiner Eltern haben so
in USA, in Laos, in Guinea und Italien
gekämpft gegen die Ausbeuter und Unterdrücker,
für den Sozialismus
in dem nichts die Eltern daran hindern kann
bei schönem Wetter mit ihren Kindern
sonntags ins Bad zu gehn.

Hast du das neue Wort verstanden, Sohn?
Hier, nimm mein Taschentuch.
Kommst du nun morgen mit zur Kundgebung
für Chile?

Peter Schütt

Pablo Neruda

Es war, als
hätten sie Angst
vor seiner Unsterblichkeit:
sein Aufenthalt auf Erden
war beendet, da kamen
die Satrapen und verwüsteten
sein Sterbezimmer.
Alles, was er benutzt hatte,
was seine Spuren trug,
das zerschlugen sie.

Den leblosen Körper
vor Augen, versuchten sie,
den Geist zu töten:
vergeblich jagten sie
seinen Versen nach,

sie verbrannten seine Bücher
und die seine Gedanken
weitertrugen, stellten sie
an die Wand: umsonst.

Längst haben seine Verse
in den Kordilleren
Zuflucht gesucht, sie haben sich
in den Fabriken verschanzt,
sie führen das Volk
zum Kampf.

Erasmus Schöfer

John Barry versucht, Theodorakis in der Verbannung zu erreichen

Auch die Nachbarn Olympias, Ziegenhirten,
die dich bewachen
auf Pelops Insel,
Wandrer kommst du nach fragst nach
Zatouna, Sparta nicht weit,
nennen dich:
Die schwarzweißen Mütter, Bauern von gestern,
mit dem argwöhnischen Blick die
Maultiertreiber, bei Anis und Oliven, unter
Papadopoulos Goldrahmen Konstantin,
die dich bewachen,
nennen dich:
Die nassen Schatten des Berges Zatouna
auf deinen Lungen, Winterregen,
die dich bewachen,
nennen dich:
MIKIS

Aber bleich das Gesicht
hinter dem Fenster. Die Stimme:
Tränen für morgen und Rauch
die Träume von Griechenland,
sagt das Lied auf dem Tonband,
geschmuggelt nach London.
Sie durchsuchen dein Herz,
sie finden Asche,
wo du die Front warst.
Kein Kampfruf mehr
in Zatouna.

Allein
unter den Augen der Junta.
Hundert Schritte hin und zurück,
fünfzig Häuser, zehn Polizisten,
ein ruhloses Klavier.
Die Freunde auf Leros.

Deine Lieder haben in den Straßen Athens
in München der Zukunft ihre Schönheit gezeigt.
Maria Farantouri, die Stimme —
Glanz von unsrer Herkunft Achaia
und wohin wir diese Gesellschaft ändern —
macht uns täglich die Zimmer hell.
Du bist dabei wie der Che.
Die Herz und Totenasche fachen wir an
In Zatouna Higueiras Berlin
mit dem Atem der Kämpfer,
bis wir die Glocken läuten in diesen Ländern,
bis in den Bars des Piräus,
in den Pinten Dortmunds die Musikboxen
für jeden spielen:
Die ganze Erde uns und kein Stück den Tyrannen!
Bis die Kumpels und Bauern zusammen
anstoßen: Lang lebe
MIKIS

Britta Noeske

Angst in der friedlichen Natur — Gedanken an Vietnam

Hagebuttenliebchen leuchtest
in das Grau, das Grau des Herbstes,
pralle Früchte zaust der Sturm.
Leuchtest Ebereschenflur rot
im Nebel, roter noch im Regen,
und im Schoß geborgen liegt das Kind.

Als der Regen weiterzieht,
steigen modrige Gerüche
aus der Erde in die Bäume,
und die Sonnenstrahlen färben
rosig einen späten Nachmittag.
Seine zarten Schlingen überall
wirft Altweibersommer aus.

Friedliche Natur — wann endlich gilt sie
allen Menschen unsrer Erde?
Täglich blutgetränkte Greueltaten,
Mensch und Tier zerfetzt von Bomben,
Massaker an Fraun und Kindern,
Marter, Folter weiten unsre Augen:
Dort in Vietnam, da soll ein Volk
vernichtet, ausgerottet werden,
weil es seinen Unterdrückern
solidarisch widersteht.
Ausgemerzt die Fruchtbarkeit von Feldern,
Bäume, Blumen, Wiesengründe
werden aus dem Weg geschafft
von Amerikaner-Waffen,
Völkermordmaschinerie!
Hier, US-Amerika, da zeigst du,
vor der ganzen Welt die Freiheit,
die du vorgibst zu verteidigen.

Hagebuttenliebchen, ach ich mag dich,
doch das Grau, das Grau des Himmels
von den Bomben dort in Vietnam,
läßt mein Herz nicht frei sein,
Ängste lähmen seine Fröhlichkeit,
Ängste, tief ins Herz gebrannt,
von der Willkür gegen Leben.

Menschenqualen rufen Menschen
sich von ihnen zu befreien,
und befreit sein wird nur der,
der es lernt, dafür zu kämpfen,
so wie dort das Volk in Vietnam.

Fritz Tost

Es beugt sich Miu

Um Pflanze zu Pflanze
In den weichen Boden zu senken
Im warmen Schlamm ihre Beine
Kurz und schnell ihre Schritte
Wippend ihr Rücken.
Sie singt.
Jetzt ohne Angst.
Sie singt das Lied vom Reis.
Ihr Liebster wird kommen
Wenn die Sichel des Mondes
Die Nacht leicht erhellt
Ein Kind wird wachsen in ihr
Wie die Pflanze
Die ihre fleißigen Hände
senken ins Erdreich.

Evelyne Sinnassamy

16. April 1972

Morgen der bitteren Mandel.
Die wirklichen Geier folgen
den Geiern aus Stahl.
Weniger grausam
fressen sie nur die Augen
der Toten.

Morgen des grünenden Reis.
Im Hafen von Haiphong
hält eine Frau
ein Kind ohne Kopf
an ihrer auf ewig
schlafenden Brust.

Morgen der blühenden Wolken.
Hanoi. Im kleinen Cafe
in der Kirschenstraße
vermengen sich chinesische Suppe
und abendliches Bier
mit frischen Blutlachen.

Morgen des neuen Mangos.
Zweihundert B-52 und
sechstausend Tonnen Bomben
haben in dieser Nacht
wieder einmal
die westliche Zivilisation
verteidigt.

Rainer Hirsch

Unser Beitrag

Zuerst waren wir
sechs Kollegen,
trugen Plakate
vor uns her:
Selbstbestimmung für Vietnam!
Die Leute staunten,
gafften uns auf der Straße an.

Dann waren wir
zwanzig Kollegen,
trugen ein Transparent:
Schluß mit dem Krieg in Vietnam!
Einer war Katholik,
einer Protestant,
die Leute staunten uns auf dem Marktplatz an.

Dann waren wir
vierhundert Kollegen,
riefen im Chor:
Amis raus aus Vietnam!
Und die Leute
klatschten Beifall,
gaben einige Groschen her.

Jetzt sind wir
viele tausend,
sagen zum Kollegen im Betrieb:
Die Amis sind raus,
Kumpel gib einige Mark
für den Aufbau in Vietnam!
Und er zückt sein Portemonnaie.

4. Abteilung

Peter Schütt

Frau Büscher stellt sich vor ihren Mann

Wenn er von der Arbeit
nach Hause kommt,
legt er seine Tasche
auf den Tisch,
hängt die Jacke in den Schrank
— wir halten auf Ordnung;
unsere Wohnung ist klein —
und nacheinander nimmt er
das Mädchen und den Jungen
in den Arm: dann bin ich froh.
Seine Arbeit ist nicht leicht
— und gefährlich; kaum ein Tag,
an dem nicht etwas passiert.

Wenn er frei hat, sonnabends,
hilft er mir beim Waschen
oder in der Küche. Mit ungeschickten Händen
greift er zum Salzfaß, oder er
rührt mir den Kuchen. Wenn er
etwas verkehrt gemacht hat,
lächelt er verlegen wie ein Junge.
Ich sehe ihm zu, wenn er
ein Buch liest und hinterher
den Kindern erklärt, was er
in dem Buch gelesen hat.

Wenn ich zweimal die Woche
spät von der Arbeit komme,
bin ich sehr erschöpft. Dann erzählt
er mir, wie sorgfältig der Älteste
die Schularbeiten gemacht hat,
bastelt unerfüllbare Urlaubspläne
und redet mich sanft, daß ich
das gleichmäßige Klappern der Maschinen
nicht mehr höre, in den Schlaf.

Oskar Schammidatus

Begegnung bei Regen

Bei Regen,
hinter dem Bahndamm
auf einem Schrottplatz
lernte ich ihn kennen,
den Ofenmann.
Er sagte nicht viel,
nur —
als ich zu lange
in sein Gesicht sah,
und da schienen
Jahrhunderte Schwerarbeit
hineingewachsen,
sagte er mir,
daß seine Rente
noch nicht durch sei,
weil —
die hätten gesagt:
er sei noch rüstig
und seine Hände
Arbeit gewohnt;
die dürfe man
noch nicht
ruhen lassen.

Bei Regen,
hinter dem Bahndamm
auf einem Schrottplatz,
der Ofenmann und ich.
Und er sagte nicht viel,
nur —
als ich zu lange
in sein Gesicht sah,
und da schienen
Jahrhunderte Schwerarbeit
hineingewachsen,
sagte er zweimal,
nicht laut:
„altes Eisen“
und er habe sein Leben lang
nur neues fließen sehn.
Zweiundfünfzig Jahre alt,
Lunge kaputt,
konnte gehn,
hinter den Bahndamm
auf einen Schrottplatz.

Kurt Märzhäuser

Mein Alter

Er war eitel.
Auf Fotografien sehe ich ihn
breitbeinig dastehen.
Lachend. Anzug aus zweiter Hand.
Er war stolz auf sein gutsitzendes Gebiß.
Er konnte nicht schwimmen.
Das Fernsehgerät auf dem Eckschrank war
sein Augapfel.
Sieg und Platz
Jockeys in bunten Seidentrikots waren ein
schöner Anblick.
Er hatte Geheimnisse.
Er war lange Zeit arbeitslos.
Ansonsten gibt es nicht viel zu berichten.
In der Gummifabrik
in der talkumverschneiten Halle
im Neonlicht
Katalogwünsche.
Zuletzt waren seine Bronchien verstopft.
Sein Magen wollte nicht mehr
und er selbst wohl auch nicht.
Lag tagsüber maulend im Bett und
trank Bier.
Er starb plötzlich und unerwartet.

Aletta Eßer

Souvenirs

Meine Elke,
die sammelt Souvenirs.
Vasen, Aschenbecher,
all son Kram.
— Bei uns im Flur
hängt sogar en Harikiri-Schwert
von Horten
ganz echt aus Japan.
Jetzt lieg ich hier
und dat Ding geht mir
nicht mehr außem Kopf.
Warum?

Mensch,
ich bin nur noch halb.
Ein Arm is futsch
und auch ein Bein.
Unfall!
Beim Rangieren vom Wagen gekippt.
Der Betriebsführer meinte:
Dat brauchte nich sein.
Der hat gut reden.
Hab mich ja nich extra da runtergeschmissen.
Mensch,
is dat nicht . . .
Wat wollt ich doch sagen?
Dat Harikiri-Schwert?
Oder häng ich mich lieber auf?
Mit einem Arm und einer Hand?
Naja, irgendwann
kommt da ja wat anderes dran.
So aus Stahl und Leder.
Auch dat Bein.
Und abends,
da schnall ich die Dinger ab
und häng se an en Nagel.
Is dat nich fein?
Meine Souvenirs!
Und gleich kommt Elke.
Ob die mich noch will?
Mensch,
denk lieber nich drüber nach.
Dat kriegste noch früh genug zu wissen.
Nu sag selbst,
ist dat Leben nich beschissen?

Manfred Schwab

Der Neidhammel

Sozialismus
das sei die Ideologie
der Neidhammel
meinte der große dicke Churchill
und der großmäulige fette S.
plappert sowas gerne nach

Die
sind auch immer satt geworden
der Marlborough und der Metzgerssohn
Aber
zum Beispiel Großvater
der mußte am Morgen schon stehlen gehn
wenn er satt
in die Schule kommen wollte

Er
holte sich die Brötchen und die Milch
vor den Türen der Reichen
wenn die noch schliefen
und der Bäckerjunge
schon wieder müde war

Und manchmal hat Großvater
der begriff daß Eigentum Diebstahl ist
noch bevor er Marx und Engels gelesen
den Reichen
in die geleerten Brotbeutel geschissen
der Neidhammel
Doch:
Der Dümmste seiner Klasse
war er nicht

Manfred Eichhorn

familienleben

ich nahm ihre hand
und wir versprachen uns
ein gemeinsames leben

nun treffen wir uns
noch zweimal täglich
an der haustür
wenn ich zur arbeit gehe
und sie von der arbeit kommt
und umgekehrt

es kommt uns
schon seltsam vor
wenn wir uns dabei
duzen

Hausierer

Vielleicht
kommen Sie morgen wieder
oder übermorgen
oder gar nicht,
wie Sie wollen.
Möglich,
daß wir auch dann nichts brauchen
oder an der Tür nichts kaufen,
aber wiederkommen dürfen Sie,
wie Sie wollen,
wenn Sie wollen.
Guten Tag! ––

Harald Kruse

Margot Schröder

G esucht
L iebevolles
E msiges
I nniges
C hices
H erzchen
B etont
E rgeben
R echtschaffen
E hrlich
C harmant
H ilfreich
T üchtig
I nteressiert
G anztags
U nterbezahlt
N ett
G egängelt zu werden.

Ehrliche Heiratsannonce

Tüchtige Putzfrau
zwecks späterer Ehe gesucht.

Klaus-Peter Wolf

M.Urban

Maria von Fransecky

Fehler

Wie oft haben wir uns gestritten über diesen Mann?
„Sehr oft", würdest Du antworten.
Sehr oft
        habe ich geschrien
        auf den Tisch geschlagen mit geballter Faust:
        „Dies Schwein!"
Er war Jugendführer bei der HJ.
                                        Mit 17
anschließend Ausbildung als Lazarettarzt.
Heute Chefarzt eines großen Krankenhauses und
                                                        Dein Vater.

Stundenlang —
                wenn nicht noch länger —
konnte ich mich auslassen über ihn,
stellte Vermutungen an.
Nein, ich blieb nicht mehr sachlich
Ekel erfüllte mich —
                        Abscheu.

Du hast ihn nicht verteidigt
Du sagst: „Du verurteilst den Kranken,
           nicht die Krankheit."

Günter Müller

Alltäglichkeiten

Ich habe mir abgewöhnt
von den Lehrlingen
als von solchen
zu sprechen,
und den Chef
als ersten zu grüßen
wenn er den Raum betritt,
und zu glauben,
die Kommunisten
seien an allem schuld,
aber der Verzicht auf
Coca-Cola &
den Duft der großen,
weiten Welt
macht mir noch
Schwierigkeiten.

Beat Eberle

Botschaften am Feierabend

Es ist alles in Ordnung
Schalt das zweite Programm ein
Den Krimi
Geh mal ins Bett
Nimm deine stinkigen Füße vom Diwan
Der Ton ist zu laut
Stell den Radioapparat ab
Laß die Rolläden runter
Du mußt noch abwaschen
Morgen mußt du früh auf
Jetzt haben sie ihn
Das ist einfach
Immer mit der Ruhe
Am Schluß ist man doch der Beschissene
Vergiß nicht den Imbiß mitzunehmen
Gib mir den letzten Teil der Zeitung
Vergiß nicht das Licht zu löschen
Vollmond heute
Morgen ist schönes Wetter
Schlaf gut.

Artur Troppmann

Nach der Arbeit

manche stehen nach der arbeit
am fenster
schauen in die höfe
oder in den himmel
stehen einander gegenüber
fremd
als wären sie hier
in diesen häusern
nur zu besuch
und ihre frauen
wie sie die worte werfen
über das leise klappern der löffel
über die müden ohren
gegen die wände der zimmer
als sprächen sie
von einer musik
die sie nicht vergessen haben

oder von einem gedicht
das ihnen so nützlich scheint
wie ihre hände
oder von einem leben
das sie schöner macht
als ringe und ketten
aus gold

Rudi Winkler

Ein Lied

(zu singen in der Nacht zwischen Sonntag und Montag)

Marie wir müssen gehn
der Sonntag ist vorbei.
Sechs Stunden und wir stehn
am Fließbandeinerlei.

Marie wir müssen gehn
der Montag ist so lang.
Das morgige Geschehn
bestimmt allein das Band.

Marie wir müssen gehn
leider muß ichs sagen,
morgen im Bandgedröhn
wird die Zeit uns jagen.

Wir wolln nach Hause gehn.
Marie dein Mund ist kalt.
Verblaßt die Sterne stehn.
Der Sonntag ist jetzt alt.

Helmut Trunzach

Mailied

Ich referiere Heidegger, während das Nilpferd neben mir Gas gibt.
Ich referiere deswegen Heidegger, weil das Nilpferd neben mir Gas gibt.
Ich referiere Heidegger, obwohl das Nilpferd neben mir Gas gibt.
Ich referiere Heidegger so lange, bis das Nilpferd neben mir Gas gibt.
Ich gebe so lange Gas, bis das Nilpferd neben mir Heidegger referiert.

Das Nilpferd gibt so lange Gas, bis ich Heidegger referiere.
Das Nilpferd gibt Gas, indem es Heidegger referiert.
Ich gebe Gas, indem das Nilpferd Heidegger referiert.
Das Nilpferd gibt Gas, indem ich Heidegger referiere.
Ich gebe Gas, indem ich Heidegger referiere.
Heidegger, das Nilpferd und ich werden ohnmächtig.

Artur Troppmann

Unsere Nachkommen

Wohin
sollen unsere Kinder
nachkommen
wenn wir zulassen
daß dieses Land besitzen:
Die Großgrundbesitzer,
die Spekulanten und Profitler?

Wie
sollen unsere Kinder
frei leben können
wenn wir zulassen
daß sie,
gefesselt von Besitzverhältnissen,
zur Welt kommen
ohne Chancengleichheit
und Aussicht?

Wie
sollen unsere Kinder
sich entfalten können
wenn wir zulassen
daß sie,
unter der Herrschaft
des großen Geldes,
wie Ware behandelt werden?

Wohin
sollen unsere Kinder
nachkommen
wenn wir ihnen nicht
den Weg zum Besseren,
den sozialistischen Weg,
erkämpfen?

Panos Voglis

Gespräch mit einem Kind

Du malst eine Stadt, Andreas
Mit vielen grünen Bäumen
Und einen großen Himmel.
So eine Stadt gibt es nicht.

Wo gibt es eine gelbe Sonne
Wie deine auf dem Papier?
So eine Sonne gibt es nicht.

Du malst die neue Stadt
Und suchst die neue Sonne
Der kommenden Zeiten.

Damit du nicht
überfahren wirst
auf der Straße,
weil kein Spielplatz
da ist,
muß ich so oft
nein sagen,
denn, Kind,
ich hab dich lieb.

Rainer Hirsch

Peter Sauernheimer

Spätsommer

Komm, laß uns wie damals,
als wir Kinder waren,
in die hohe Pappel klettern.
Ganz oben geht ein kühler Hauch
durch die Blätter,
wendet sie um und um,
daß sie ihre silbernen Unterseiten
uns zeigen.
Du glaubst,
in eines Flusses Strömung
zu stehen,
und bist doch im Wipfel
des Baumes,
wiegst dich mit ihm
sacht im Winde.
Den Schwalben sind wir
ein Stück näher
und sehen weit ins Land.
Damals lag das Land noch brach,
heute wogt hier wie ein Meer
hoch das reife Korn,
und ganz fern am Horizont
fährt so langsam
wie im Traum
eine Straßenbahn entlang.
Komm, laß uns in die hohe Pappel
klettern.

Maria von Fransecky

Ich habe einen Wunsch

Manchmal, wenn mir alles (Sitzungen, Diskussionen,
Zeitungsverteilen und die
Hausaufgaben für die Schule)
bis zum Halse steht,
lege ich mich für eine Zigarettenlänge aufs Sofa.
Ich stelle mir vor, wie ich, im Zug sitzend, aus dem Fenster
schaue:
Riesige Felder, Wälder und Seen

An mir vorbei rauscht:
Helmstedt, Magdeburg
Potsdam
dann: Berlin-Hauptstadt,
Ich steige aus.
Dann
Marx-Engels-Brücke, Alexanderplatz.
Gehe in die Kaufhäuser und
in das „Internationale Buch",
auch in das Museum für Deutsche Geschichte.
Anschließend in ein Café,
plaudere mit einigen Leuten
tausche Adressen aus.
Lasse mir von einem FDJler, den ich zufällig treffe, die Stadt zeigen.
Erzähle vom Klassenkampf (er kennt das ja gar nicht mehr),
Freue mich über die vielen neuen Häuser
und über die Spielplätze.

Mit ein paar Stunden „da drüben" wäre ich schon zufrieden,
hätte auftanken können.
Würde spüren, wie notwendig unser Kampf hier ist,
damit es nicht nur ein „drüben", sondern auch ein „hier" geben wird.

Maria von Fransecky

Einmal im Monat

Beinahe
hätte ich verschlafen,
wenn nicht Thomas gekommen wäre,
um mich abzuholen.
Morgens um 6 Uhr.
Der Himmel sieht noch aus wie Haferflockenbrei.
Die Luft ist kühl.
An der Kreuzung treffen wir Helmut und Fritz.
Wir reiben unsere Hände
und putzen die Nasen
so frisch ist es heute morgen.
Um 6.15 Uhr stehen wir vor der Fabrik
mit unserer Zeitung.
Die ersten Arbeiter kommen.
Sie nehmen ihre Zeitung in Empfang
einige bleiben stehen

Reden mit uns
Sagen:
Da seid ihr ja mal wieder!
Schimpfen auf die Arbeit, auf den Abteilungsleiter.
Blättern in der Zeitung
Sagen:
Die letzte Nummer war gar nicht so übel.
Jenes hätten wir besser, ausführlicher berichten müssen,
man hätte es nicht verstanden.
Grüßen und gehen.
Andere kommen.
Viele freundliche Morgengrüße.
Einige Ausnahmen:
Geht lieber arbeiten!
Rotes Gesindel!
Na ja, wir kennen das.
Um 6.35 sind wir — bis auf einen kleinen Rest — alle Zeitungen los.
Wieder reiben wir uns die Hände
putzen unsere Nasen.

Lachen
und gehen zu Helmut Kaffee trinken.

Clemens Wlokas

als mir eben,
bei der arbeit an texten,
deine zeilen auffielen,
erinnerte ich mich an antworten,
nicht nur von eltern:
liebe könne erst romantisch sein,
mit einer gesicherten position
als matratze,
was nicht ist,
das soll womöglich gar nicht sein,
erst muß der mensch erwachsen werden —
man beträufelt uns
mit tretenden naturgesetzen.

die sonne mag ja im sommer später untergehen;
aber nach neun nicht mehr runter zu dürfen,
ist genausowenig naturgesetz
wie die aufgebrannte pflicht,
unsere arbeitskraft
nur zu verkaufen an die,
deren handeln und gedanken uns zusammenstauchen;

sage ihnen,
liebe und leben
sind keine geschmiedeten bilder
aus naturgesetzen,
bildwelten haben wir genug,
was wir brauchen sind
verantwortung und solidarität.

Beat Eberle

So leicht so frei

alles so leicht so frei
einfach da sein
am See sitzen
sich Banalitäten erzählen
den Schwänen zuschauen
sich küssen
deinen Hals, deinen Nacken streicheln
spazieren
der Pfau schlägt sein Rad
wir versuchen seine Augen zu zählen
die Sonne spiegelt sich im Wasser
da schwimmt ziemlich viel Öl und Dreck drin
die Konzernleiter bauen Betonmauern an den Seen
und sperren die Prokuristen in den Smog ein
ich kneife meine Augen zu
du hast eine Brille auf
die sich bei starkem Sonnenlicht dunkel färbt
meine Finger an deinen Lippen
du rauchst nicht mehr
manchmal schlägt eine Turmuhr
kaum zu hören
eher der sanfte Wellenschlag
du sagst die Altstadt sei romantisch
ich finde sie idyllisch
darauf kommt's nicht an
die Bäume treiben Knospen
ein leichter Wind
gehen wir dorthin?

Erasmus Schöfer

Rottweil damals

Ich sah den Sperber
rütteln über deinen Träumen
als sie meine wurden
windgetragen
auch Erinnerung
wie dein Seufzen
dieser undurchdringliche Geruch
Unschuld täglich und Verwirrung

Eben noch die Farben deines Leibes
darin sich mein Herz verfing
mit seinen unbekannten Schlägen
stockend
beschleunigt

Kriecht nun Gras über dein Bett
und Staubkraut und Mimosen
Flackerndes Gedächtnis
von Krähenschrei und Straßenbahn
Dies Seufzen eingelegt in Bronze
Verwilderte Flecken stetig bleichend
Spurlose Gesichter
Kein Aufenthalt bei wem

Spinnen weben an den Gittern
meines Kellers
Nachts hört niemand
das Wachsen der Pilze
auf den vergessenen Schuhen
Gelassen tropfen die Röhren
in die Vergangenheit
da war deine wortscheue Anmut
Wohin flieht doch Bewegung
daß sie unauffindlich wird

Maria von Fransecky

Abends

Fast
ist der heutige Tag beendet.
Ich habe die Veranstaltung und mein Referat hinter mich
gebracht.
Mir die Vorschläge der Genossen
zur weiteren Arbeit angehört
Mitgesprochen
dafür und dagegen
Mitgeholfen, daß es besser wird
unsere Sache.

In meinem Kopf wühlen noch die Gedanken
Im Dunkel liegend
versuche ich zu ordnen
schaffe Klarheit
und beruhige mich.
Stelle fest, daß mir
trotz meiner Sicherheit, die ich wie ein Schild vor mir
hertragend,
den anderen zeige
etwas fehlt.
Im Dunkel liegend
suche ich deinen Arm
die Wärme deines Körpers
an den
wie eine Katze
ich mich drücken möchte.

Nein, glaube nicht, ich sei traurig,
nur etwas müde der Sicherheit.
Da ich dich liebe
und weiß
es ist gut
daß du dort und ich hier
stelle ich keine Fragen.
Bin ich zufrieden in der Gewißheit
mit dir gemeinsam
für unsere Sache zu kämpfen.

Peter Sauernheimer

Die US-Ladies

Ich fürchte
diese schrecklich lustigen
amerikanischen Damen
mit gußeisernen Patentdauerwellen.
Sie pilgern durch die
westeuropäischen Slums
fletschen Meissner Porzellanzähne
und fotografieren
und fotografieren
finden alles charming
very charming
unterschreiben ihre Räuberschecks
mit zierlichem Silberstift
und lachen
lachen klirrend wie abgegriffene Münzen
haben Angst sich auf unseren Toiletten
zu infizieren
und verrichten ihre Notdurft
in importierte keimfreie Plastiktüten
verstecken ihre Wolfsaugen
hinter schwarzen Spiegelgläsern
stöhnen spitz in Gebirgen
multicolorer Schaumspeisen
und geben kein Trinkgeld.

Oh diese schrecklich lustigen
amerikanischen Damen
die ihre Orgasmen
in spanischen Kirchen erleben
die statt Kindern
winzige Hunde gebären
sie auf Chinchillafell betten
täglich frisieren
und mit Konfitüre mästen.

Oh wie sie heulen
und in seidene Taschentücher schniefend
lustwandeln
auf dem Hundefriedhof
bei Hollywood.

Rudi Bergmann

Bretonische Abschweifungen

Salz eingegerbt in Gesichtern
wie Landkarten und Jahre die kamen
ungerufen
                von weit her
Hand die gelegt wurde um Herzen
unbemerkt vom flüchtigen Beschauer.

Jeden Tag den Kampf mit blauem Rubin
Mutter aller Kinder
                                Ernährer vieler
hungriger Mäuler!
Schwerfällig faßt sich der Tritt
über Straßen
                und Planken.

Viel Freundlichkeit in den Worten
voller Zärtlichkeit der Blick auf
Früchte des Meeres! Wie achtlos
gehen die Fremden Besucher mit euch um.

Was wissen sie von den Stürmen
wie ahnungslos betrachten sie Netze
mit unwissender Neugier
gefangen in abenteuerlichen Sehnsüchten
saugen sich Augen an Abendrot fest
Jugend fast schon vergessen.

Nein
    Fremdling
Unsere Geheimnisse liegen nicht
auf den Friedhöfen begraben.
Stehen nicht in den Ecken von Dorfkirchen
wo Heilige wohnen
                                herum
gegen die selbst das einst strahlende Rom
ist ohne Macht und Herrlichkeit.

Was mit Zeit und Land wurde
findest du nicht im Michelin. Meinen
keltischen Urahn
                                mein orientalisches Blut
in Musik will ich dir zeigen
                                            wenn ich tanze
im Schatten meines französischen Weins.

Maria von Fransecky

morgen in amsterdam

wir waren müde
hatten die nacht kaum geschlafen
es hatte geregnet
amsterdam war feucht und leer
senkrecht schlafend gingen wir durch die gassen
rechts die grachten
schiffe, die weise mit ihren leibern nickten
auf nilgrünen wellen
zaghaftes morgenlied aus den birken
der erste mensch am morgen
ein tramp, ein neger ohne bleibe
ein lächeln
müde morgendlich vereinigend
wir gingen weiter
                    unausgeschlafen und glücklich
und ein glockenspiel schlich sich in unsere träume.

Ernst Mauersberger

Am Nachmittag

Der Fischer, der am Strand von
Archangias Tintenschnecken auf
grünen Kieseln müde klopft,
weiß nichts von deinen
grauen Zangen.

Der Feigenbaum, der im Park von
Berengeux blau-grüne Früchte
an die zersplissenen Steine der Turmruine bettet,
weiß nichts von deinen
elektronischen Befehlen.

Die Tamariske, die im Zoo von
Gelsenkirchen hinterm Eiskiosk zum Nieselregen
verwundert schwarze Tränen weint,
weiß nichts von deinen
optischen Signalen.

Denn du
Maschinenungeheuer
beherrschst
mich mehr,
als meine Träume.

Klaus Herrmann

Die Abfallratte

Die große Ratte kam aus dem Abfluß.
Sie sah aus wie eine gewöhnliche Ratte
und zwängte sich durch die Straßen der Stadt, fraß und ließ ihren Kot fallen.

Allmählich war die ganze Stadt damit beschäftigt, die Ratte zu nähren und ihren Kot zu räumen.
Glücklicherweise ließ sie sich hinaustragen vor die Stadt:
Auf ihren Trägern sah sie aus wie ein riesiger Tausendfüßler.
Das Leben ging wieder normal,
die Wirtschaft war eingestellt auf pausenlose Produktion,
man hatte sich an den Tribut gewöhnt.
Elektronisch gesteuerte Loren schafften der Ratte den Abfall hinaus,
sie war bald vergessen.

Zu ihrer Unterhaltung wurde ein künstliches Labyrinth gebaut
ein ungeheures Röhrensystem,
in dem sie oft tagelang umlief und Minotaurus spielte.
Manchmal ließ sie sich eine Hure fangen,
daß sie in Schamröhre, Mund und Achselnester ejakulierte
bis sie erstickte.

Die letzten Jahre der Ratte waren ohne Bewegung.
Wissenschaftler hatten errechnet, daß sie zu alt und zu schwer sei,
sich noch zu bewegen;
man stoppte die Loren und ließ sie einfach verhungern.

Godehard Schramm

Wohnen, so und anders

I. Fotos

1
Die großen Fenster der niedrigen Häuser
zeigen den Komfort der Bürger:
ein Schrank, eine Kautsch, zwei Sessel, ein niedriger Tisch,
ein oder zwei Bilder an der Wand, Topfblumen.
Komplett eingerichtete Zimmer,
ausgerichtet nach der fünften Himmelsrichtung: TV.
Soweit reicht die komplette Kopie
der Zimmer der Mächtigen und ihrer Journale.
Kopien für jeden.
Kopien, die sich jeder erlauben kann
und darf.
Wir kennen das Angebot, das unsere Häuser
bewohnbar macht.
Wir glauben, wir seien die Herren
in diesem Haus.

2
Sie kommt müde vom Knopfannähen
aus der Kleiderfabrik Müller-Wipperfürth in ihr Einfamilienhaus,
öffnet den Kühlschrank,
benützt stehend den Tisch und einen Kleiderhaken,
dann arbeitet sie am Bügelbrett.

Er kommt müde vom Schotteraufladen
bei der Bundesbahn in sein Einfamilienhaus,
er öffnet den Kühlschrank,
benützt die Kautsch und den Stuhl für die Socken,
dann schaltet er den Fernseher ein.

Sie sind nach Hause gekommen,
finden alles vor, was sie brauchen,
was sie angeschafft haben, was sie ständig ausbessern,
was sie noch Jahre lang abzahlen.

In den zwei Jahren, die ich als Untermieter bei ihnen wohnte,
hat sich nichts verändert.
Manchmal sah ich sie zusammen
auf der Kautsch einen Krimi ansehen;
jeder hatte eine Tür zum zuschlagen.

Als sie im Winter ein Schwein schlachteten,
roch es im ganzen Haus
plötzlich nach Leben.

3
Ich komme nach Jahren wieder in diese Wohnung:
es hat sich ja nichts verändert bei euch.
Doch — diese Blumenvase ist neu, die alte zerbrach,
und der Kalender hängt nicht mehr überm Ofen.
Blind würde ich die Teller finden,
und in die Wand gewachsen ist das Bild
von der Heimat.
Es ist eine helle Wohnung.
Der Ofen, du weißt schon, wir haben dann doch
einen neuen gekauft und in der Küche
ist jetzt alles elektrisch.
Na prima, sag ich, und der Hauswirt,
noch immer derselbe Griesgram?
Naja, hier kommt er ja nicht rein,
hier hat er nichts zu sagen,
wir halten uns an die Hausordnung, zahlen die Miete,
reden mit keinem und basta.

Ich komme nach Jahren wieder in diese Wohnung:
es hat sich nichts verändert.
Die Kautsch, von der ich nicht springen durfte,
der Stuhl, mit dem ich nicht schaukeln durfte,
das zweimal im Jahr gestimmte Klavier, auf dem ich
nicht spielen durfte, wenn Vater da war,
der Tisch, unter den ich mich vor dem Nikolaus flüchtete,
die Zimmer, in die ich keine Spielkameraden bringen durfte.
Wir haben eigentlich wenig Besuch, sagen sie.
Und für wen hebt ihr das denn alles auf?
Aber ich weiß, diese Frage würden sie nicht verstehen.
Der Kohlenofen tuckert angenehm — mir ist kalt.

4
Immer freundlich grüßt die Frau von nebenan herüber
und wundert sich vielleicht, daß bei uns
keine Teppiche geklopft werden,
niemand einmal die Woche die Fenster putzt,
keiner den Staublappen ausschüttelt,
die Besen nicht ausgebürstet werden,
niemand einen weißen Saubermannskittel trägt,
die Betten nicht schon um sieben aus dem Fenster hängen,
der Frühjahrsputz auch im Herbst nicht stattfindet;
sie wird denken: bei denen muß es ja aussehen!
Wir denken: stünde auch kein GENERAL oder der König
AJAX hinter ihr mit seiner unsichtbaren Peitsche —
wie zärtlich müßten da erst ihre Kinder sein
bei soviel Hingabe an soviel eingebildeten, toten Dreck.

II. Film

Du und ich genießen
die Leere der Räume, unsere Schritte dröhnen,
doch die Wände werden sich nicht verschieben lassen.
Mühsam die alte Tapete abkratzend
bleibt uns nur der Innenraum:
    Ich möchte, wenn ich wohne, dich
    in der letzten Ecke sehen und doch
    dir dein Versteck nicht stören,
    ich möchte auf dem Boden liegen
    und die Decke wäre nicht aus kaltem Weiß,
    man könnte Bälle an die Wände werfen
    und die Nachbarn, unten-oben, wüßten ohne Zorn,
    wenn ich auf meinen Flöten spiele.
Wir kleben neue Streifen an die Wand und streichen.
Du sagst:
    Im Mittelzimmer kann das Bett schon stehn
    und auf dem Boden raucht der Samowar aus Istanbul;
    ich laß dich deine Bücher in Regale füllen —
    doch mach es so, daß ich wie eine Katze
    manchmal auf den Brettern schnurren kann,
    und denk ans Kind, das einmal klettern will.
Du stellst auf deinen Tisch ein Glas mit eingeweckten Puppen
und nebens Telefon den übergroßen Gipspenis,
in dessen Rillen deine Finger spielen, wenn du mit andern sprichst.
Prilblumen kleben wir ins Klo,
und deine Ente schwimmt im Bad.
Lange haben wir gearbeitet
für den großen runden Glastisch,
unter dessen Platte ich deine schönen Beine sehen kann,
wenn meine Hand deine Schenkel aufwärts streicht.
Ansonsten genügen die Entrümpelungsschränke.
Bespielbarkeit macht unsre Zimmer aus,
die Möbelstücke sind beweglich
und kommen nicht aus Katalogen,
und an den Wänden ermuntern uns die Bilder:
du kennst das altbekannte Dürerbild —
doch statt dem Ritter reitet auf dem Gaul Herr Kiesinger,
frisch geohrfeigt von Beate, und der Teufel heißt da Fritz,
den Mächtigen das Ende ihrer Macht anzeigend;
zur Tarnung hängt ein Leninbild vorläufig im Klosett.
Weinflaschen warten ungeduldig auf dem Bauch,
und alte Krüge blühen auf mit Blumen . . .
    Mit rationaler Ökonomie hat das alles nichts zu tun —
    aber die Angst vor den Gegenständen ist weg,
    und weil vor dem Fenster noch zwei Bäume stehen,
    versperren wir sie nicht mit Vorhängen.

Zugänglich für Freunde sind diese Zimmer —
du spielst mit mir und faßt mich zärtlich an;
ich hab dir zugehört, woran du heut geschuftet hast.
Du und ich und unsere Freunde genießen
den Reichtum der Räume.

Klaus Herrmann

Mist

Der Mist ging zum Gärtner
und beschwerte sich über die Kürbisse.
D. h., er ging an ein altes Glashaus mit blinden Scheiben,
wo er einen Gärtner vermutete.
Es war von Enzymen und Salzen die Rede,
von Phosphaten und Zucker.
Ums kurz zu machen:
Der Mist nannte die Kürbisse Parasiten.
Einige Scheiben waren schon locker,
es ergaben sich Resonanzen;
so erhielt der Mist diese Antwort:
Wer sich über den Mist erhebt, begeht Schuld und Raub.
Der Kürbis ist die Sünde wider den Mist.

Peter Sauernheimer

Das Geschenk

Neulich
schenkte mir Großvater
die Augen eines Fisches.

Gut und schön,
sage ich,
das sind die Augen,
aber wo ist der Fisch?

Wozu den Fisch?
antwortete Großvater,
in diesen Augen
siehst du das Meer.

5. Abteilung

Heinrich Bitsch

Von der freien Wahl

Du hast die Wahl
sagte einst der Müller von der Untermühle
der beschissen hatte
zu dem Bauern vom Oberhof
der beschissen wurde
du kannst den Bach hinauf gehen
du kannst den Bach hinunter gehen
zu einem Müller mußt du doch
    diese freie Wahl
    gestattet man ihm mal.

Du hast die Wahl
sagt der Kapitalist vom Profitberg
der den Mehrwert einbehält
zu dem Arbeiter vom Mußjatal
der den Mehrwert schafft
du kannst dir Arbeit suchen im Norden
du kannst dir Arbeit suchen im Süden
zu Kapitalisten mußt du doch
    diese freie Wahl
    gestattet man ihm mal.

Wir haben nur die Wahl
sagt der Michel von Denkdoch
der weiß wovon er spricht
zu Kollegen von Schreibtisch und Werkbank
die hören was er sagt
wir dürfen nicht mehr einzeln gehn
wir müssen jetzt zusammenstehn
und Solidarität bringts doch
    diese freie Wahl
    gestatten wir uns mal.

Udo Bruns

Kräfteverhältnisse

Der Lehrling hat die Freiheit
seinen Vertreter zu wählen
der das Jugendarbeitsschutzgesetz vertritt.

Der Boß nimmt sich die Freiheit
ihn zu feuern
wenn er versucht
gesetzlich verbürgtes Recht durchzusetzen.

„Gleichgewicht der Kräfte"

Ich habe die Freiheit
mich gewerkschaftlich zu organisieren
und für seinen Kündigungsschutz zu kämpfen
damit ein kleines bißchen mehr
Gleichgewicht hergestellt wird.

Grundgesetzlich jedem das gleiche,
aber grundsätzlich jedem das Seine.

Liselotte Rauner

Artur Troppmann

Klassenkampf ist passé

Wir sind sozial
sagt der Konzernherr
und prüft
die Krankenlisten
zwecks „Rationalisierung".

Wir sind fortschrittlich
sagt der Konzernherr
und läßt sich
von den neuen
Arbeiterinnen
schriftlich versichern
daß sie nicht
schwanger sind.

Arbeitgeber
und Arbeitnehmer
sind Partner
sagt der Konzernherr
und ordnet an
daß der Passus
in den Arbeitsverträgen
fett gedruckt wird
in dem es heißt:
DER ARBEITNEHMER VERPFLICHTET SICH
SEINE GANZE ARBEITSKRAFT
AUSSCHLIESSLICH FÜR
DEN ARBEITGEBER EINZUSETZEN.

Wir ziehen
am selben Strang
sagt der Konzernherr
und überweist
die Gewinn-Millionen
auf seine Privatkonten.

Früher gab's vielleicht
mal Klassenkampf
aber heute ist das vorbei
sagt der Konzernherr
und gibt
eine große Summe dem
„Bund Deutscher Industrie".

Jeder hat
die gleiche Chance
sagt der Konzernherr
und überreicht
einem Betriebsjubilar
zum 25zigsten
dreihundert Mark
und einen Freßkorb.

Klassenkampf
ist endgültig passé
sagt der Konzernherr
und führt ihn
von oben
mit Macht
und für seine Klasse.

Wolfgang Röhrer

Unser Lohn — glatter Hohn

(Streikparole von '73)

Fronarbeit damals —
Lohnarbeit heute.
Hier die Besitzer,
dort schuften die Leute.

DAMALS: drei Tage
in adliger Fron
mußten sie dienen
für Prügel und Hohn.

Die andren drei Tage
hatten sie Zeit
für des eigenen Ackers
Unfruchtbarkeit.

Die Ausbeutung war
somit bloßgelegt . . .
Die Fronherrn wurden
hinweggefegt

vom sich entwickelnden
Bürgertum
und der kapitalistischen
Produktion.

HEUTE: am Wochen-
und Monatsende
bekommen wir Tüten
in die Hände.

Lohnstreifen hin
Gehaltsstreifen her,
den Profit der Bosse
sehn wir nicht mehr.

Wie lange für uns,
wie lange für sie
wir haben geackert?
Das zeigen sie nie.

Doch Marx und Engels
haben's gezeigt:
Profit entspringt nur
der Mehrarbeit.

Denn was wir verdienen
an Arbeitslohn
schaffen wir in wenigen
Stunden schon.

Die restlichen Stunden
sind unbezahlt,
die schlucken die Herren
wie Hummernsalat.

Und Mehrarbeit machen
wir Tag für Tag
gemäß dem ungleichen
Arbeitsvertrag.

Doch streiken wir mal
um höheren Lohn,
jammern die Bosse
„Revolution!!"

Gut, kämpfen wir gegen
dies Fronsystem,
und lösen die Frage:
Was gehört wem?

MORGEN: die Arbeit
von Ausbeutung frei!
Der neue Staat
nach Lenin sei:

Die Äcker denen
die sie bebaun!
Früchte und Macht dem Volk
anvertraun!

Panos Voglis

Wer ist wild

Wild ist die Preistreiberei
Wild ist die Akkordschinderei
Und normal sind die Streiks.

Wild sind die Entlassungen
Von streikenden Arbeitern
Und normal sind ihre Streiks.

Wild sind die Steuererhöhungen
Wild sind die Militärausgaben
Und normal sind die Streiks.

Wild sind die Konzerne
Wild sind die Bosse
Und normal sind die Streiks.

Wild und falsch sind die Berichte
Der Schreibtischsöldner des Kapitals
Wenn sie die normalen Streiks
Als wilde verleumden.

Manfred Schwab

Lied vom Volksvertreter

1
Jetzt ziehen wir mal frisch vom Leder
über unsre Volksvertreter,
die am schönen Bonner Rhein
leiden manche Not und Pein.
  Zwar ist ein MdB immun
  und souverän in seinem Tun,
  an Wählerwillen nicht gebunden —
  doch sein Gewissen ist zerschunden!

2
Der MdB soll durch sein Walten
das Wählervolk bei Laune halten,
doch andrerseits sein Marktwert steigt,
wenn er zu manchem Saustall schweigt.
  So ist er sonntags Volksvertreter,
  die Woch hindurch jedoch berät er
  die Bosse, die das Volk auspressen,
  denn das nützt beider Interessen.

3
Es sorgt sich manches MdBchen
mehr um sein eignes Wohl und Wehchen
als um der Arbeitnehmer Los —
was kostet sein Gewissen bloß?
  So schleppt er hurtig — eins, zwei, drei,
  sein Links-Mandat zur Rechts-Partei:
  Mendes Ochs und Hupkas Kuh,
  Müllers Esel, der bist du!

4
Hoch klingt das Lied vom Volksvertreter,
denn von des Volkes Wohl meist red't er
auf jedem Marktplatz drauß' im Land,
derweil in Bonn der „Notstand“ plant.
  Weil: Möglich wärs ja, daß die Leut
  sich plötzlich — morgen oder heut —
  doch um ihr Wohl mal selbst bemühn
  und ihr Vertrauen ihm entziehn!

Manfred Schwab

Frühlingslied für Arbeiter

Frühling läßt sein blaues Band
wieder wehn durch Kataloge.
Winterliche Ladenhüter
schluckt das Schlußverkaufsgewoge.

Neckermännisch sprudeln Quellen
maiengrün und veilchenfrisch,
und Kiwitt rufts hinter Weiden
modejung, verführerisch.

Winterspeck soll rasch verschwinden
um der Frühjahrsmode willen,
doch — wie Wahlversprechen wirken
halt die meisten Schlankheitspillen.

Im Büro die Winterärsche,
aktiviert vom Minirock,
stärken sich durch Frühjahrsmärsche
oder einen Maienbock.

Denn die Röcke klettern keck
wie der Preis gebrauchter Wagen,
die uns in Schneckenmarschkolonnen
in die Sonntagsfreiheit tragen.

Jahr für Jahr die alten Lieder,
ferner Harfenton im Tal:
Manövertruppen pflügen wieder
Wald und Heide überall.

Das ist alles, was wir spüren
von des Frühlings holdem Blick,
denn er schlägt die Augen nieder
vor den Toren der Fabrik!

Rigo Ros

Sprachregelung

Bundesdeutscher Wortgebrauch,
sag, wo willst du hin?
Wer stülpt über deinen Sinn
solchen Nebelhauch?

In der frommen Konjunktur
nennt man den Bankrott
ohne jede Spur von Spott
‚Wandel der Struktur'.

Und ‚gesellschaftskritisch' klingt
besser in der Zeit
als die Dekadenz, die stinkt
kilometerweit.

Kriegsverbrecher? Pah! Ein Dreh
macht im Amtsgebrauch
daraus beinah Schall und Rauch:
‚Kriegsverurteilte'.

Generalstab macht sich schlecht
— noch von damals her.
‚Führungsstab der Bundeswehr',
das ist waidgerecht.

Klassenkampf? Wird abgeschafft!
Sowas darf nicht sein.
Dafür mixt man ohne Saft
‚Partnerschaft' hinein.

Ist er denn so annehmbar,
dieser Schmutz und Schund
ganz auf eigne Rechnung und
eigene Gefahr?

Bundesdeutscher Sprachgebrauch,
schmerzhaft ist dein Sinn,
doch es geht dir ohnehin
wie dem Wind im Bauch.

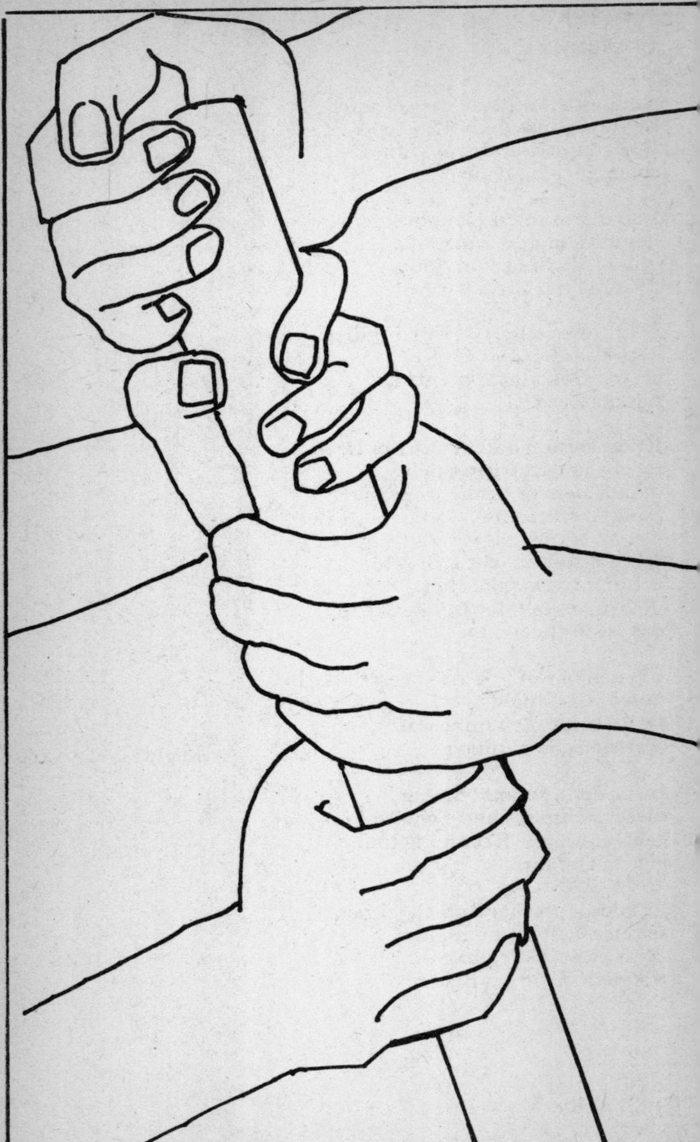

Peter Schütt

Werbesprüche

TRIUMPH KRÖNT DIE FIGUR:
Wer bei Triumph am Fließband steht,
muß mit vierzig ein Spezialkorsett tragen,
um der Rückgratverkrümmung
entgegenzuwirken.

FROHEN HERZENS GENIESSEN
die Beschäftigten des Hauses Brinkmann
die Ankündigung der Direktion,
die Akkordsätze abermals zu erhöhen.

SICHERHEIT UND SELBSTVERTRAUEN
verkünden die Aktionäre der Camelia-Werke,
wenn sie ihre vierzehnprozentige Dividende
in Empfang nehmen.

vielleicht liegt's an mir:
in der fabrik
im büro
auf der baustelle
im uranbergwerk
beim eisenbahnbau –
nie
sah ich geld
arbeiten

Siegfried Mrotzek

Horst Kammrad

mach doch mal uff bildung

morjens die zeitung,
die „BZ" oder „Bild" —
det liest sich nur so weg,
und is doch allet dreck!

zum frühstück 'n schmöker,
'n „Landser", 'n „Cotton" —
wie bring die sich da um —
det zeuch macht so scheen dumm!

mensch, mach doch mal uff bildung, kumpel,
und schmeiß den scheißdreck weg!
in dem satz liejt wahrheit, kumpel:
viel wissen heißt ooch macht!
und wenn du weeßt wie't langjeht, kumpel,
und wie der boss det ding dreht, kumpel,
mensch, denn könnt ihr mann für mann
so richtich jejen an!

mittachs den porno,
die „Revue“ oder „Sexy“ —
kiekst dir die oogen nach aus
und schmeißt dein jeld nur raus!

abens beis fernsehn
singen „Toni“ und „Heino“
wie heile die welt doch ist.
'n idiot, wer sowat frißt!

mensch, mach doch mal uff bildung, kumpel,
und vertrödle nich die zeit!
frach mal die jewerkschaft, kumpel,
die hat immer wat bereit!
und wenn du weeßt wie't langjeht, kumpel,
und wat so in die bilanz steht, kumpel,
mensch, denn biste darin fit
und redest endlich mal 'n wörtchen mit!

Oskar Schammidatus

Zeichen der Zeit

Freitag
Neunter Februar
Neunzehnhundertdreiundsiebzig
In Dortmund
Helme in den Straßen
Männer in Blau und in Grau
Die Herren wollen nicht zahlen
In Dortmund wie auch anderswo

Und da wartet der Stahl
Es fällt der Profit
Der Ofen bei Hoesch ist aus
Wenn das geschieht
In allen Betrieben
Setzen wir die Herren raus

Freitag
Neunter Februar
Neunzehnhundertdreiundsiebzig
Regen —
In Dortmund in den Straßen
Unter achttausend Helmen im Takt
Die Stimmen der Hoesch-Kollegen:
Alle Räder stehen still
Wenn der Arbeiter es will!
In Dortmund wie auch anderswo

Und da wartet der Stahl
Es fällt der Profit
Der Ofen bei Hoesch ist aus
Wenn das geschieht
In allen Betrieben
Setzen wir die Herren raus

Freitag
Neunter Februar
Neunzehnhundertdreiundsiebzig
Arbeiter in den Straßen
Mit Transparenten
Sie ziehen durch die Innenstadt
Demonstrieren worum es geht
Die Formel ihrer Kraft im Kampf
Heißt: SOLIDARITÄT
In Dortmund wie auch anderswo

Und da wartet der Stahl
Es fällt der Profit
Der Ofen bei Hoesch ist aus
Wenn das geschieht
In allen Betrieben
Setzen wir die Herren raus

Freitag
Neunter Februar
Neunzehnhundertdreiundsiebzig
In Dortmund streiken
Zwanzigtausend Stahlarbeiter
Eine Vorhut geht durch die Stadt
Weiße Helme
Klobige Schuhe nehmen Schritt
Und die Zukunft zieht mit

In der wartet kein Stahl
Gibt es keinen Profit
Öfen brennen auf „Voll"
Und alle schaffen wir jeden Tag
Was uns allen zum Nutzen sein soll

In Dortmund wie auch anderswo . . .

Carl Wüsthoff

Roter Mohn

Es kam ein Wind aus Welschland her
Der machte alles grün
Ließ Krokusse, die Anemon
Und auch den roten Mohn erblühn.

Der Wind, er wurde zum Orkan
Er drang zur Weser, bis Berlin
Zur Pleiße gar, sogar bis Wien
Ließ überall den roten Mohn erglühn.

Jedoch es legt sich der Orkan
Weil aus dem Ost ein ander kam
Es kam da seiner Fülle Macht
Zerbrach in einer langen Nacht.

Noch einmal brachs aus Westen vor
In mancher Stadt, in manchem Land
Hob manche Hand, Mund und Verstand
Hochlodernd roten Mohn empor.

Und noch einmal kam Nacht in alle Lande
Die lange Nacht, voll Widersinn und Schande
Verwelken wollte schier der rote Mohn
Wie einmal schon.

Jedoch der Wind, Orkan kam wieder
Es blühten wieder Anemon und Flieder
Hoch oben, auf der starken Mauer Thron
Der rote Mohn.

Der rote Mohn, er wurd zum roten Feld
Sein Strahlen dann verjüngt die ganze Welt
Kein Wettergott, kein General
Kein dickes Buch, kein rundes Geld
Kann diesen roten Mohn vertreiben
Er wird bleiben.

Und singen werden wir
Das Lied vom roten Mohn
Unsre Kinder kennen es schon
Und die Kulis in Kanton und Singapur
In Buenos Aires und Winterthur
In Hamburg, Wales und Washington
Werden singen das Lied vom roten Mohn.

Rigo Ros

Lirum larum Totengräber

1
Lirum larum Pappenstiel,
Alte Kämpfer sabbern viel
ohne Ruh und Rasten.
Messer liegt daneben,
wollen wem ans Leben.
Haben nichts am Kasten.

2
Industrie plus Parlament,
Richter, Kanzler, Präsident,
Pleitegeier, Groschenblatt,
Schützenpanzer-Auftraggeber,
Notstandsmacher : Totengräber.

3
Ri ra rutsch,
die Partnerschaft ist futsch.
Wir fahren wieder Klassenpost
die jedem was zu denken kost'.
Ri ra rutsch,
die Partnerschaft ist futsch.

4
Eins zwei drei,
der Kurs ist nicht neu,
verschwommen nicht klar
und Meineid nicht wahr,
maßlos kein Maß
und Stempeln kein Spaß,
Diebstahl nicht Recht,
Menschsein nicht Knecht,
Diktator nicht Sphinx,
und rechts ist nicht links.

5
Ach wie gut, daß niemand weiß,
daß Radieschen immer noch
außen rot und innen weiß.

6
Schlaf, Michel, schlaf,
der Wolf geht als Schaf.
Er hat ein vornehm Fräckchen an.
Er will gern Ostgebiete han.
Schlaf, Michel, schlaf —

Artur Troppmann

Das Werk

Mit dem Werk
haben unsere Urgroßeltern
begonnen.
Ein paar hundert Großväter
haben daran ein Leben lang gearbeitet.
Ein paar tausend Väter und Mütter
haben weiter geschuftet
und ein paar tausend Söhne und Töchter
schaffen jetzt.

Oben aber
in einer Villa am Rhein
sitzen fünf Personen
auf der Terrasse beim Tee
und behaupten
dies sei ihr Werk.

Warum werfen Arbeiter
täglich
ihre Perlen
vor die Säue?

Jürgen Kumlehn

Richard Limpert

Endlich

Erfüllt von Trauer und Bestürzung
vernahmen alle Arbeiter die Kunde
vom Hinscheiden des Multimillionärs
Friedrich Flick.
Die Größe des Mannes wird durch
die Tatsache offenkundig, daß er
die Geheimnisse seiner Erfolge nicht
mit ins Grab nahm.
Der BILD-Balkenüberschrift:
WIE FLICK ZU SEINEN MILLIARDEN KAM
folgte eine aufschlußreiche Würdigung,
aus welcher zu ersehen war, daß
Friedrich Flick kaum etwas trank,
kein Theater und kein Konzert besuchte,
und die Zigarrenreste in die Pfeife stopfte.
Endlich verfügt jeder Arbeiter über das Rezept,
steinalt zu werden, um dann als Milliardär
von hinnen zu gehen.

heile heile Gänschen
die Katze hat ein Schwänzchen
heile heile Mäusespeck
in hunnert Jahr
hat der Enkel von Flick
das Dreißigfache

Lukas Basqué

Harald Kruse

Sagt mir nur nicht,
Großkapitalisten hätten keine
Geldsorgen!
Wer das behauptet
ist falsch informiert.
Oder kosten
Bundestagsabgeordnete etwa
kein Geld?

Die Sorgen der Bosse

Der Widerspruch,
daß viele Millionen
Menschen arbeiten,
aber wenige
Millionäre entscheiden,
muß
verschleiert bleiben,
damit auch
in Zukunft
viele Millionen
Arbeiter
für einige Millionäre
viele Millionen
erarbeiten.

Richard Limpert

MITBESTIMMUNG !!!

hoffnung

die schmiere ich aus
diese kapitalisten
werden sich wundern
ging er zur bank
sparte prämienbegünstigt
zwacke ich den banken
schon sieben prozent ab
bausparvertrag
das gibt prämien
sechshundertvierundzwanzig
markgesetz
das ist am ende
fast das doppelte.
und wir vergessen
daß der unternehmer
ein vielfaches gewinnt

Christoph Kretschmer

Harald Kruse

Beteuerung

Wir ziehen doch alle
am gleichen Strang
    beteuerte der Unternehmer

vielleicht
    räumten seine Arbeiter ein
aber keinesfalls auf der gleichen Seite

Günter Müller

Mitbestimmung

bedeutet für uns
Arbeitnehmer
endlich mitziehen
dürfen an dem Strick
des Schlinge wir
auch weiterhin um
den Hals haben

Absage

Wes Brot ich eß
des Lied sing ich
noch lange nicht!

Harald Kruse

Hermann Spix

ironie des schicksals

nach den
gescheiterten Lohnverhandlungen
mit dem verband
der metallarbeiter
nahm die mehrheit
der unternehmer
in nordrheinwestfalen
am montag
die arbeit
nicht wieder auf.

mehrere hundertschaften
der bereitschaftspolizei
führten die
wild streikenden
ihren büros zu.

Der Weg zum Chef
führt über die Klippe
der Überwindung
der Angst eines erwachsenen Mannes.

Jürgen Kumlehn

Liselotte Rauner

Hätten wir Mitbestimmung

Wenn eine Frau dasselbe leistet wie ein Mann
weil sie es will weil sie es muß und weil sie 's kann
der gleiche Lohn wird ihr trotzdem nicht garantiert
hätten wir Mitbestimmung wär das nicht passiert.

Wenn mancher Lehrling seine Prüfung nicht bestand
sein Meister bleibt als Lehrherr immer anerkannt
der nutzt ihn weiter aus weil er ja nichts riskiert
hätten wir Mitbestimmung wär das nicht passiert.

Und wenn der Angestellte Überstunden macht
an die Vergütung hat die Firma nie gedacht
er schweigt aus Angst daß er den Arbeitsplatz verliert
hätten wir Mitbestimmung wär das nicht passiert.

Es klagt ja auch der Unternehmer unentwegt
daß die Verantwortung nur er alleine trägt
nehmt sie ihm ab — wenn ihr euch solidarisiert
dann wird bestimmt die Mitbestimmung eingeführt.

Regina Korn

Wenn ich von Solidarität spreche

Wenn ich von Solidarität spreche,
dann meine ich nicht nur Einigkeit und Solidarität im eignen Land;
im Kampf um Mitbestimmung, um Lohnerhöhung, um unsre Arbeitsplätze, um Preisstabilität;
wenn ich von Solidarität spreche,
dann denke ich an Vietnam, Laos, Kambodscha, Griechenland, Latein-Amerika;
dann denke ich auch daran, wie es den Arbeitern anderer Länder geht;

wenn ich von Solidarität spreche,
dann sehe ich auch verbrannte und verstümmelte Kinder in
Vietnam, gefolterte Menschen in Griechenland und daß der
Tod überall reiche Ernte hält;

wenn ich von Solidarität spreche,
dann sehe ich auch, wie die Menschen in Latein-Amerika
die Erde unter ihren Füßen essen,
weil sie der Hunger zu Tode quält;

wenn ich von Solidarität spreche,
dann sehe ich auch Indianer, die man einfach ausrottet oder ihnen ihre Existenzgrundlage raubt, bis es mit ihnen von selbst zu Ende geht.

Wenn wir uns nicht mit ihnen solidarisieren
und für ihre Rechte in unsren Straßen demonstrieren,
wer weiß, wie es uns eines Tages dann geht;

wenn ich von Solidarität spreche,
dann, weil ich weiß, daß wir Arbeiter ständig in Gefahr sind,
das Erreichte wieder zu verlieren.
Da hilft nur eines:
Wir müssen uns mit allen Unterdrückten der Welt gegen alle Unterdrücker solidarisieren.
Unsere Unterdrücker sind alle Konzerne, die mit Hilfe der Regierungen regieren!

Richard Limpert

Solidarität

Vorausgesetzt,
die industrielle Revolution
hätte nicht hier,
sondern bei den Kameltreibern,
Kanaken und Makkaronifressern stattgefunden.

Tabib, Enric oder Luigi würden mir
großherzig die Schultern klopfen.
Ich wäre schließlich Gastarbeiter.
Vielleicht würden sie Mitarbeiter sagen.
Gewiß wäre ich ein Allemake,
wenn ich in der Bahnhofshalle
die Konturen einer Einheimischen
mit den Augen nachzeichnen würde.
Kurz, ich wäre ein Fremdarbeiter,
davon überzeugt, daß jeder Mensch
das Recht hat, menschenwürdig zu leben.

So einfach
ist das mit der Solidarität
und Menschlichkeit,
wenn ich ein Allemake wäre.

Beim Wort genommen

Meine Anlage übergebe ich ordnungsgemäß, sagte ein Kollege. Deine Anlage? fragte der Ablöser bei Schichtwechsel.

Die Miete für meine Werkswohnung wurde auch erhöht, sagte der Kollege. Deine Werkswohnung? fragte der Angestellte von der Wohnungsverwaltung.

Unser Werk ist krisenfest und profitabel, sagte der Kollege. Unser Werk? fragte der Vertrauensmann während der Diskussion.

Unsere Lage ist beschissen, sagte der Kollege nach dem Stillegungsbeschluß. Das stimmt! bestätigte der Betriebsrat. Unsere Lage ist beschissen!

Richard Limpert

Regina Korn

Neutralität

Neutral willst du sein wie du sagst
hast ein Eigenheim, hast Familie
hast Arbeit, die dir zwar nicht ganz behagt
aber sie ernährt dich und deine Familie.
Politik ist schmutzig, weil sie dich nicht interessiert
du bist gewerkschaftlich organisiert
partei bist du nicht, denn du bist ja neutral
alles andere ist dir wie du sagst, egal
du bist zufrieden, du willst nicht klagen.

Hörtest du das je Unternehmer sagen?
Sie haben kein Eigenheim, sie haben Villen
sie ernährst du, und so ganz im stillen
gewinnen sie Einfluß und immer mehr Macht
zu ihren Gunsten werden Notstandsgesetze gemacht
organisiert sind sie im Unternehmerverband
die Politik ist ihre rechte Hand
sie sind nicht neutral, sie wissen ihre Interessen zu vertreten
von dieser Partei wirst du zur Kasse gebeten
man macht in unterernährt, weil man auf mehr spekuliert
wenn du nicht mitmachst, wirst du hinausrationalisiert.

Nein, Freund, es gibt keine Neutralität
jeder von uns ist partei
nur, auf der Unternehmerseite sind wir nicht dabei.

PROFIT
Thyssen
F. KRUPP
Oetker

Carl Wüsthoff

Die Mitbestimmung

verfolgt die hohen Herrn
bis in den Traum
Uns kaum
Die Mitbestimmung
ist den hohen Herrn
ein Grauß
Uns kaum
Die Mitbestimmung
bringt den hohen Herrn
graues Haar
Uns kaum
Die Mitbestimmung
verdirbt den hohen Herrn
den Appetit
Uns kaum
Die Mitbestimmung
sagen die hohen Herrn
raubt uns unsere unternehmerische Freiheit
Eben
ihre Freiheiten
Die Mitbestimmung
sagen die hohen Herrn
ist ein Werk des Teufels
Auch
das stört uns nicht
Dieser armselige Herr Teufel hat schon
für ganz andere Dinge herhalten müssen.

Carl Wüsthoff

Der kluge Mann

Die Arbeiter
sagte der erste
sind dumm, träge und zufrieden,
und das ist auch gut so hienieden.

Die Arbeiter
sagte der zweite
sind auch arrogant und frech.
Ach,
sagte der dritte
das ist auch noch kein Pech.

Dann sahen die dreie
den vierten an
denn der
der war ihr klügster Mann

der sagte dann
frech und ungeniert
was jammert ihr.

Solange die sich nicht organisieren
werden uns nicht die Füße frieren.
Erst wenn die fest zusammenstehn
ja, dann
dann könnte uns die Luft ausgehn.

Carl Wüsthoff

Gesang der Unternehmer

Die Mitbestimmung ist ein Popanz
Die Mitbestimmung die zerstört
das heiligste der heilen Welt
Sie spricht von Wertzuwachs, von Ehrlichkeit und Ordnung
Und meint in Wirklichkeit
nur unser Geld.

Das Geld und die Fabrik
und auch der Wertzuwachs
Gehörn doch uns
Das hat der liebe Gott doch so gewollt
Wenn der die Mitbestimmung
hätte haben wollen
Hätt er Gesetz gemacht
das hätte er gekonnt.

Ihr macht mit eurer Mitbestimmung
eine große Sünde
Denn das Gesetz des lieben Gottes
ist zweitausend Jahre alt
Und Gott sei Dank
der liebe Gott
der ist mit uns im Bunde
Und deshalb
eure Forderung
die läßt uns ziemlich kalt.

In Anbetracht, daß der liebe Gott den Unternehmern dieses heilige Gesetz schon vor zweitausend Jahren gemacht hat, ist es vielleicht doch allerhöchste Zeit, daß es mal repariert wird. Oder auch ausgebaut oder zum alten Eisen geworfen wird.

Johannes Viktor Jaeckel

Lebensqualität

Milieu-Bericht aus der Feierabend-Atmosphäre

Dicht an dicht, wie Kieler Sprotten,
stehn die Leiber. Viele Hände
greifen hastig nach Klamotten,
Endlich ist die Schicht zu Ende.
Im Geschiebe und Gedränge
steigt aus tausend Perlonsocken —
schweißgetränkten, feuchten Strümpfen,
zwischen Spinden schmal und enge,
Mief auf, wie aus Käseglocken,
animiert zum Naserümpfen . . .
Wirkungslos räumt der Zerstäuber,
„voll vom Duft der weiten Welt“,
vor dem Schweißgeruch der Leiber
voller Ohnmacht still das Feld
dem nach harten Plagen, Mühen,
alle hurtig, schnell, geschwind —
panikartig fast — entfliehen —
Raus — in Sonne, Regen, Wind.

Horst R. Heß

Wem nützt . . .?

Die da vom Wirtschaftswunder sprechen,
es sei in Gefahr bei höheren Löhnen
— sprechen von ihren Dividenden.

Die vor den Wahlen lauthals ködern
mit fünfunddreißig Stunden pro Woche
— danken mit höheren Preisen.

Die da belehren, Mitbestimmung,
das hieße, daß alle dazwischen reden
— wollen alleine bestimmen.

Die den oft schon Verwirrten flüstern,
der Arbeiter sei des Arbeiters Feind
— freuen sich über die Gläubigen.

Die sich gleich Götzen nicht antastbar geben,
fürchten die Frage: „Wem nützt
ihre verderbte Welt?“

Peter Fischbach

Sozialpartner

Ein Partner, der steht nebenan
an der Maschine zwo.
Sozial geht es ihm gleich wie mir,
bei uns da heißt das so:
  Hohe Mieten, hohe Preise,
  Überstunden und Akkord,
  und der Lohn in unsrer Tüte,
  der geht immer schneller fort.

Ein Partner hockt in seiner Villa,
und mir ist gut bekannt:
Sozial geht's ihm und seinesgleichen
um Geld und Macht im Land.
  Hohe Mieten, hohe Preise,
  Überstunden und Akkord,
  die sind ihm sehr wohl von Nutzen,
  er verdient in einem fort.

Sozial, das heißt ‚gesellschaftlich'
verpflichtet und verbunden.
Bei unserm Chef hab'n die Kollegen
und ich das nicht gefunden:
  Profitverbunden, das ist er,
  wir — verpflichtet zum Akkord,
  mit Partner hat das nichts zu tun,
  das ist ein hohles Wort.

Die Chefs nenn'n sich ‚sozial' und ‚Partner',
nur um uns zu verwirr'n.
Kollegen, ab jetzt fordern wir,
wovon wir profitiern:
    Soziale Mieten, niedrige Preise,
    Akkordabbau und Löhne rauf!
    Wir bauen ohne falsche Partner
    allein sozial was Neues auf.

Harry Böseke

die freiheit die ich meine

da wo ein mensch sich selbst
bestimmen und entfalten kann
da
wo man menschen achtet
das volk sich selbst regieren kann
da bleibe ich
da erlebe ich dann
die freiheit die ich meine

da wo ein mensch den andern
besitzen und ausbeuten darf
und
wer sich da nicht fügt
das recht niemals bekommen darf
da kämpfe ich
erhebe mich dann
gegen die freiheit die ich verneine

und wenn ich dann die sklaven
aus ihren träumen wecken kann
und
wenn sie mitmarschieren
sie wissen wie das ziel heißt — dann
dann erkämpfen wir uns

die freiheit die wir meinen

Rudi Winkler

Manchmal

Manchmal sieht es so aus,
daß man geneigt ist
zu glauben
an soziale Gerechtigkeit,
an Partnerschaft
und Mitbestimmung.
Manchmal
träumt man auch,
die Stechuhren
seien abgeschafft
und das gegenseitige
Vertrauen,
Brückenschlag
für eine neue Zeit.
So träumt man manchmal.
Aber Versprechen —
ja, Versprechen macht man
unbedenklich.
Es wird geglaubt.
Aber enttäuscht
schließt manchmal
auch eine Hand
sich hart zur Faust.

Paul Polte

Unverbesserlich

Als ich jung war und mit meiner roten Kinderrassel auf das Podest kletterte, um Große aufzuschrecken mit roter Rederei und gegen die Kriege, bekam ich Ohrfeigen, daß ich die Hacken in die Luft streckte. Ich beklagte mich nicht.

Als die braune Brühe mir bis über die Achseln stieg und so zäh wurde, daß das Schwimmen unmöglich war, habe ich einiges schlucken müssen. Ich beklagte mich nicht.

Als meine Zelle Sichtblenden hatte, die Luft immer dicker wurde, die Suppe nach Soda stank, frühere Freunde unsere alten Lieder mit neuen Texten zu mir hereinsangen, sah ich durch Wasser, aber ich beklagte mich nicht.

Als die Zeit kam, da mich niemand mehr grüßte, um sich nicht selber verdächtig zu machen, als meine Freunde schon tot oder nicht mehr erreichbar waren, als die Post erst durch andere Hände ging, blieb mir, in den Zeitungen nur noch das Weiße zu lesen, aber ich beklagte mich nicht.

Als der Krieg, der auf allen Seiten kein bißchen Anstand übrigließ, sich selber gefressen hatte, als noch mehr Menschen Stacheldraht kauen mußten, schämten sich die unverdient Davongekommenen nicht, sondern standen auf ihren Ellenbogen nach alter Manier, um sich herum und nach unten stoßend, damit die Besitzlosen besitzlos blieben — ich beklagte mich nicht.

Nun, da ich alt bin, soll ich der vertanen Zeit nachtrauern, weil ich mit Reden und Schreiben die Umstehenden nicht wacher gemacht habe? Soll ich darüber Trauer tragen, daß für Linke in diesem Lande noch immer kein Platz und kein Brot ist? Soll es mich freuen, daß die Kirchen leer bleiben, weil Phrasen nicht satt machen? Ich konstatiere: Man schießt wieder, wenn auch vorerst mit Wasser, auf den Straßen — aber ab und zu fällt gegen Freispruch auch ein scharfer Schuß der Oberen gegen die Unteren. So war es schon immer. Aber ich beklage mich deswegen nicht.

Noch immer bin ich
hoffend, daß das Blättchen sich wende. Meine toten Freunde wird das nicht lebendig machen. Aber das rote Tuch, mit dem wir sie begruben, wird weiter warnen. Jeder wird diese Sprache dann verstehen, wenn es an der Zeit ist. Das Ermächtigungsgesetz der Mächtigen wird

auch das Volk ermächtigen, zu denken und zu handeln. Wenn das nicht bald sein wird, beklage ich mich nicht, denn ich bin unverbesserlich.

Heinz Kilian

Wider den Boß

Ich will mich nicht fügen
kann nicht halten still
darf mich nicht begnügen
wie der Boß es will.

Immer müssen wir fragen
warum dieses, wieso das mir
gemeinsam werden wir's tragen
Kollegin, Kollege mit dir.

Wir werden nicht zerbrechen
in dieser kapitalistischen Welt
wer will uns verbieten zu sprechen
etwa der Boß, dem das nicht gefällt.

Veränderung

1
Sie arbeiten Hand in Hand
wir arbeiten ihnen in die Hände.

Sie gehen über Leichen
wir gehen in Deckung.

2
Wir arbeiten Hand in Hand
in unsere Hände.

Wir decken ihre Karten auf
sie gehen in Deckung.

Sie nennen sich Unternehmer
wir übernehmen sie.

Margot Schröder

Horst Kammrad

dein fragebogen

du fragst,
warum es die großen konzerne gibt?
warum wir so viele millionäre haben?
warum man die mitbestimmung nicht liebt?
warum die gefräßigen schwarzen raben?
warum wohl? —
mensch, denk doch mal nach!

du fragst,
warum die frauen weniger geld?
warum dieser unfall gestern geschehen?
warum ausländer aus aller welt?
warum wir das ziel unsrer arbeit nicht sehen?
warum wohl? —
mensch, denk doch mal nach!

du fragst,
warum der lohn den preisen nachhinkt?
warum wir wilde streiks beginnen?
warum dein nachbar sich betrinkt?
warum die herren soviel gewinnen?
warum wohl? —
mensch, denk doch mal nach!

du fragst,
warum die gewerkschaft besser sein muß?
warum wir am werkstor zettel verteilen?
warum wir die faust heben zum gruß?
warum wir die zustände dennoch nicht heilen?
warum wohl? —
mensch, denk doch mal nach!

Ralf Winkler

Fragen über Fragen

Wann kommt der große Heilungsprozeß?

Wann kommt der Moment,
wo der normale Spießbürger,
der normale Umweltverschmutzer,
der normale Profitjagdknecht,
der normal-„freie“ Systemsklave,
der normale Hinnehmer,
der normale Produzent und Konsument
(Frag endlich: von Was- und Wozu-Artikeln),
der Normalabgestumpfte
und Normal-Untertan
endlich
zum Überwinder des sogenannten „Normalen“ wird?

Wann kommt der Zeitpunkt,
wo einer Mehrheit der Erdbewohner
in ihre „Dienstbüchlein“*
die Stempel gedrückt werden müssen:
Untauglich zum Militarismus
Untauglich zum Kapitalismus
Untauglich zum Schädigungsdienst
Untauglich zu jeglichem Unmenschentum?

Wann, wann, wann und wo?

* „Dienstbüchlein“: in der Schweizer Armee verwendetes, jedem Wehrpflichtigen zugeteiltes Verzeichnis der Zuteilung zu den Heereseinheiten, der persönlichen Ausrüstung, der geleisteten Diensttage etc.

Godehard Schramm

Ballade vom roten Apfelbaum

Als die Zeit der Kartoffeln ihren Höhepunkt erreichte
und Leute zur Einsicht kamen, daß arbeiten
nur um der Kartoffeln willen nicht ausreichte
und die Bäume der Erkenntnis allmählich zum Himmel wuchsen,
begann in den Treibhäusern der Unterdrückung
der rote Apfelbaum zu wachsen.
Mehrere Gärtner entschlossen sich zu seiner Zucht,
es wurden Probesorten entwickelt.
Der rote Apfelbaum sollte köstliche Früchte tragen, keine
sollte der andern gleichen, aber jede sollte jedem
zur Verfügung stehen; die ihn züchten, sollten nicht allein
über ihn verfügen.
Der rote Apfelbaum wuchs.
Die ersten Früchte schmeckten sehr gut.
Viele, die davon kosteten, erschraken über ihre hohe Qualität,
und sie befürchteten, er werde eines Tages konkurrenzlos
den Obstmarkt beherrschen, würde ihm nicht an die Wurzeln gegangen.

Schließlich schoß der rote Apfelbaum so in die Höhe,
daß er nicht mehr länger im Treibhaus zu halten war.
1917 wurde er erstmals in rauher Erde, unter freiem Himmel angepflanzt.
Trotz vieler Schädlinge, Fröste und anderer ungünstiger
Wetterbedingungen wuchs er und brachte Früchte.
Begeistert von den ersten Erträgen, vergaßen die Gärtner den Dünger;
das heißt, sie vergaßen ihn nicht, aber sie übersahen, daß Kali
und Phosphate allein nicht genügen; zu rasch wurde mancher
natürliche Mist als unbrauchbar weggeworfen und verbrannt.

Inzwischen sind die Kulturen des roten Apfelbaums größer geworden.
Es konnte an Aussaaten und Verpflanzungen gedacht werden.
Die Schwierigkeiten begannen von neuem: Bei anderen
Bodenverhältnissen und anderen klimatischen Bedingungen
fielen die Früchte anders aus; jedes Neuland brauchte
seine eigene Sorte.

Die Gärtner begannen indessen die Esser nach ihren Wünschen zu fragen.
Das war den Essern ganz neu. Es war schwierig, den Essern
klarzumachen, daß die vielfältigen Apfelsorten nur dann

ihren Wünschen gerecht werden, wenn sie ihre Wünsche äußern
und wenn sie ihre Angst verlieren, die Früchte zu kritisieren.
Fürchtend, die Gärtner könnten verletzt sein —
wußten sie doch noch nicht, daß das ihre Apfelbäume waren.
Die Gärtner erkannten dabei, daß sich nicht jeder Esser
in gleichem Maße für die Früchte interessierte,
sondern sein Augenmerk auf die Wurzeln, den Dünger, die Rinde
und das Beschneiden des Wildwuchses richtete.
Es gab unter den Essern auch solche, die die Schönheit
der Apfelblüten entdeckten, sie beschrieben und weiterverbreiteten
und gelegentlich die harte Arbeit des Gießens vernachlässigten
und kein Mittel gegen die Maifröste erfanden.

Daß gelegentlich verdorrte Früchte Sorgen bereiteten und mancher
über Wurzeln und Auswüchse stolperte, stört sein Wachstum nicht.
Das alles förderte das Wachsen des roten Apfelbaums.
Voller Neid erkannten die Produzenten der Ersatzfrüchte,
daß das Wissen der Gärtner, das Erkennen der Esser und
die harte Arbeit der Gartenarbeiter zunahmen
und immer gefährlicher wurden.

Harry Böseke

Sätze zu Kaussen oder Die Abhängigkeit des Mieters

1. Das Verhältnis des Herrn Kaussen zu seinen Mietern:
   a) Mieter sind abhängig von der Willkür der Vermieter, ihre Wohnung gekündigt zu bekommen.
   b) Vermieter kündigen Wohnraum oft dann, wenn Mieter überhöhte Mieten nicht zahlen können.
   c) Günther Kaussen ist Vermieter. Er ist Hausherr über zweihunderttausend (200 000) Personen.
   d) Die Wohnungen, die er besitzt, liegen zumeist in Altbauten, fünfzigtausend (50 000) in der BRD und in West-Berlin.

e) Aus diesen Wohnungen zieht er Profit. Nachdem er die Häuser gekauft hat, steigen die Mieten.
f) Beispiel: In einem Fall stieg die Monatsmiete für eine Wohnung nach dem Ankauf von Kaussen von 89,– DM auf 258,– DM.
g) Renovierungen werden nicht vorgenommen. Die Mieterhöhungen sind daher ungerechtfertigt.
h) Kaussen schafft es aber, seine Mieter zum Zahlen zu bringen.
i) Beispiel: Er verschickt computergeschriebene Drohbriefe mit amtlichem Charakter an seine Mieter.
j) Er droht mit Kündigung, wenn Mieter überhöhte Mieten nicht zahlen können.
k) Nur wenige Mieter wissen, daß sie im Recht sind, und wehren sich.
l) Die meisten Mieter wissen nicht von ihrem Recht und verlieren die Wohnung.
m) Beispiel: In Köln haben wir festgestellt, daß einige Kaussen-Mieter jetzt in Übergangshäusern leben.
n) Besonders betroffen sind ältere Mieter. Mit ihrer Wehrlosigkeit rechnet Kaussen.
o) Kaussen hat schon mehrere Anzeigen wegen Mietwucher bekommen. Wird Kaussen bestraft, so schmerzt ihn das nicht. Es sind nur Einzelfälle, die geahndet werden.
p) Mit dem Namen Kaussen verbinden Geschädigte Mietwucher. Mittlerweile werden seine Machenschaften publik.

2. Das Verhältnis des Herrn Kaussen zu den Banken:
a) Kaussen ist Kölner Bürger. Nur wenige kennen ihn. Er versteckt sich in seiner Dachterassenwohnung in der St. Apern-Straße.
b) Seinen Hausbesitz hat er sich erschwindelt. Von bestochenen Gutachtern läßt er seine Häuser im Wert sehr hoch einschätzen.
c) Bei renommierten Banken, bei Geldinstituten und Versicherungsgesellschaften beleiht er diese Objekte.
d) Die Kredite, die er sich so erschwindelt, übersteigen bei weitem den tatsächlichen Wert der Häuser.
e) Von den Krediten kauft Kaussen weitere Häuser. Diese läßt er wiederum im Wert überschätzen und erschwindelt sich Kredite.
f) Die Geldgeber wissen, daß sie betrogen wurden. Aber sie sind nicht daran interessiert, Kaussen das Handwerk zu legen.
g) Sie spekulieren darauf, daß Kaussen seine Schulden abbezahlt. Bei Konkurs dieses Immobiliengeschäftes würden sie nur einen Bruchteil ihres geliehenen Geldes

zurückerhalten.

h) Deshalb ist es den Bank- und Versicherungsinstituten recht, daß Kaussen weitere Geschäfte macht.

i) Kaussen wird seine Schulden begleichen können, indem er weiterhin Mieter ausbeutet.

3. Kriminalität wird nicht geahndet, verspricht das Kapital sich Nutzen.
   a) Kaussen kann weiterhin seine unmenschlichen Geschäfte treiben. Mieter müssen für ihn bluten.
   b) Innerhalb von 10 Jahren erbeutete er sich so ein Vermögen von schätzungsweise 100 Millionen DM.
   c) Das Vermögen wurde durch Vermietung von Altbauwohnungen geschaffen.
   d) Diese Wohnungen bewohnen Mieter zu überhöhten Mieten.
   e) Die Mieten werden bezahlt, weil Kaussen die Mieter mit Kündigungsschreiben einschüchtert.
   f) Das Verbrechen des Herrn Kaussen wird als Weißkragenkriminalität bezeichnet.
   g) Trotz Kreditschwindel hat Kaussen ein gutes Verhältnis zu verschiedenen Banken und Versicherungsgesellschaften.
   h) Kaussen hat Mitarbeiter, die früher bei der Kölner Stadtverwaltung angestellt waren.
   i) Wenn Mieter bereit sind, überhöhte Mieten zu bezahlen, bezeichnet Kaussen das als „gutes Verhältnis".

4. Der erste Schritt des Kampfes gegen Kaussen und seine Kollegen ist die Information der Bevölkerung.
   a) Kaussen ist kein Einzelfall. Viele Vermieter können ungestraft Mietwucher treiben.
   b) Die Rechtlosigkeit des Mieters hat seine Ursache in der kapitalistischen Gesellschaftsordnung.
   c) Das Interesse einzelner — der Besitzenden — hat Vorrang vor den gemeinsamen Interessen des Volkes.
   d) Das Erstellen und Vermieten von Wohnraum wird unkontrolliert der freien Unternehmerinitiative überlassen. Der soziale Wohnungsbau wird immer stärker verdrängt.
   e) Vermieter wissen dies auszunutzen. Ihre Interessen werden im Haus- und Grundbesitzerverein vertreten.
   f) Bezeichnend ist der Name: Mieterschutzbund für die Interessenvertretung der Mieter.

5. Nur eins hilft — Handeln:
   a) Organisiert Bürger- und Mieterinitiativen. Schließt euch bestehenden an.
   b) Bestreikt die Mieten — bestreikt den Mietwucher. Verweigert die Zahlung der Wuchermieten.

c) Besetzt Häuser und Wohnungen, die Spekulanten leer stehen lassen, um noch höhere Mieten verlangen zu können.
d) Wehrt euch! Kämpft gegen Kaussen!
e) Kämpft gegen die Vermieter, die euch Wohnungen zu Wucherpreisen vermieten.

Jürgen P. Stössel

Rückschläge

Der Westernheld schlägt
zurück
Gläser klirren
im Saloon Gelächter
als ein Mann
durch die Tür fliegt.

Kaum hat er sich aufgerappelt
kriegt er noch eine verpaßt
in Farbe.

Ich kann das nicht mehr
mit ansehen
sag ich.
Aber Hans
haut sich auf die Schenkel
lacht.

Später erfuhr ich
daß er in seiner ersten Firma
rausgeflogen ist
weil er Krach geschlagen hat
als die Bandgeschwindigkeit
erhöht wurde.

Und plötzlich sah ich
diese Szene wieder.
Aber jetzt
fragte ich: Warum

schlägt er nicht wirklich
zurück?

Hansruedi Meier

Man könnte

Man könnte auch einmal
im Börsenblatt schreiben
Du sollst nicht stehlen
und nicht nur im Schulbuch.

Man könnte einmal von denen
die sich staatserhaltend nennen
staatserhaltende Steuern verlangen.

Man könnte? Man kann es
so wie die lesenden Arbeiter
die selbst eine Buchhandlung gründeten
und als Genossen gemeinsam verwalteten
als noch niemand sonst politische Bücher verkaufte.

Man könnte auch
die Aktionäre auf 1,— DM abschreiben
so wie Angestellte abgeschrieben werden
wenn der Gewinn etwas kleiner wird.

Man könnte einmal die Kosten
von Verwaltungsräten berechnen
um festzustellen
ob sich ihre Haltung noch lohnt.

Man könnte? Man kann es
wie die Werftarbeiter von Upper Clyde
und die Uhrenarbeiter von Lip
die ihre Betriebe selbst übernahmen
als die Besitzer sie schliessen wollten.

Man könnte einmal fragen
warum nicht Direktoren
die sagen daß sie Verantwortung tragen
im Alter gebeugt sind
sondern die Magaziner.

Man könnte? Man kann es
so wie die Renault-Arbeiter
die durch gezielte Streiks
die Fliessbänder bremsten.

Peter Schütt

Die Sozialpartner reagieren prompt

Ein Elektrokonzern teilte kürzlich
seinen „verehrten Kunden“
in einem Rundschreiben mit, daß sich die Firmenleitung
aufgrund ständig steigender Lohnkosten
und Frachttarife nicht mehr in der Lage sieht,
seine Kühlschränke zum alten Preis zu liefern.
Sie habe alle Einsparmöglichkeiten ausgeschöpft
und sehe sich darum gezwungen,
ihre Lieferpreise zum 1. Oktober
um fünfzehn Prozent heraufzusetzen.
„Unsere Firma“,
hieß es in dem Rundbrief abschließend,
„nimmt an, daß Ihnen die Faktoren,
die zu den Kostensteigerungen geführt haben,
bekannt sind
und erwartet deshalb
Verständnis für ihre Maßnahme.“

Dieses Schreiben fiel durch Zufall
dem Betriebsrat des Konzernbetriebs in die Hände.
Im Namen der siebentausend Arbeiter und Angestellten
sandte er der Direktion einen Antwortbrief:

„Sehr geehrte Herren“,
schrieben die Kollegen,
„aufgrund ständig steigender Lebenshaltungskosten
und der jüngsten Tariferhöhung im Nahverkehr
sehen wir uns leider nicht mehr in der Lage,
Ihnen unsere Arbeitskraft
zu den bisherigen Preisen zu liefern.
Wir haben alle Sparmöglichkeiten ausgeschöpft
und sehen uns darum gezwungen,
Ihnen für den Verkauf unserer Arbeitskraft
ab 1. Oktober
fünfzehn Prozent mehr Lohnkosten zu berechnen.
Wir nehmen an,
daß Ihnen
als den Hauptverantwortlichen für die Preis-
und Profitsteigerungen der letzten Monate
die infragekommenden Faktoren bekannt sind,
und erwarten deshalb
Verständnis für unsere Gegenmaßnahme.
Andernfalls sehen wir uns zu einem Lieferstopp gezwungen.

Hochachtungsvoll. Ihre werten Mitarbeiter.“

Peter Schütt

Drei Mitbestimmungsargumente

1
Aufgrund seines beschränkten Gesichtskreises
überschaut der Arbeiter nur bedingt
die Zusammenhänge des Wirtschaftsganzen.
Ihm fehlt das Vermögen, über den eigenen Vorteil
stets das Gemeinwohl ins Auge zu fassen.
Dagegen besitzt der Unternehmer
aufgrund seiner höheren Warte
den besseren Überblick —
nicht nur über die Weinhänge am Comer See.

2
Mitbestimmung?
Ihr sagt, da könnte ja jeder . . .
Allerdings, sagen wir,
da kann jeder . . . und setzen hinzu:
dann könnte uns keiner!
Wehe, wenn ihr dann sagt:
Ihr könnt uns mal!
Dann könnten wir allerdings,
und — Frage — ob ihr dann noch könnt!

3
„Da hört doch alles auf“,
meinte der Firmenchef, als
der Betriebsrat ihm
die Mitbestimmungsforderungen
der Belegschaft vorlegte.
„Irrtum“, antwortete
der Betriebsratsvorsitzende,
„das ist erst der Anfang!“

Lukas Basqué

Wir

da ich
für alle
durch das Land zog

sagte man
ich verträte eine einzige Gruppe

sagte man
Arbeitnehmerinteressen seien
Minderheitsinteressen

sagte man
für die werde gesorgt
durch Gewerkschaften Versicherungen
und ja die SPD

sagte ein Schüler
Arbeiter sind blöde Fernsehkucker

sagte eine Schülerin
ihre zersplitterten Fingernägel mag ich nicht

sagten Studenten
Lohnabhängige, abschätzend oder mit Trauer

sagten Bauern
Arbeiter muß es ja auch geben

sagte ein Lehrling
und ich soll immer schrubben

sagten Arbeiter
zu sich Kumpels aber nicht zu allen

zuckten Angestellte
die Achseln

fürchteten Manager
die Solidarität

bauten Kapitalisten
der Solidarität vor

sagten Rentner
Arbeiter wissen was Sache ist

da ich
für alle
durch das Land zog

nannte mir jeder
der klar sah
sein Ziel oder schwieg

nannte mir jeder
der nicht klar sah
hoffnungsvoll sein liebstes Vorurteil
und damit den Grund

warum es ihm persönlich
versagt sei WIR zu sagen.

Bildverzeichnis

Die Autoren

Basqué, Lukas (geb. 1948), Student, Werkstatt Dortmund
Bergmann, Rudi (geb. 1943), Bildungssekretär, Werkstatt Düsseldorf
Beutin, Wolfgang (geb. 1934), Lehrbeauftragter, Werkstatt Norderstedt
Bitsch, Heinrich (geb. 1922), Elektromaschinenbauer, Werkstatt Mannheim
Böseke, Harry (geb. 1950), Chemielaborant, Werkstatt Köln
Bruns, Udo (geb. 1951), Student, Werkstatt Dortmund
Campmann, Rainer W. (geb. 1944), Schlosser, Werkstatt Dortmund
Doberer, Kurt K. (geb. 1903), Schriftsteller, Werkstatt Nürnberg
Eberle, Beat (geb. 1953), Buchhändlerlehrling, Werkstatt Zürich
Eichhorn, Manfred (geb. 1951), Buchhändler, Mitarbeit Werkstatt Tübingen
Eßer, Aletta (geb. 1934), Hausfrau, Werkstatt Mühlheim
Fehse, Wolfgang (geb. 1942), Taxifahrer, Werkstatt West-Berlin
Fischbach, Peter (geb. 1948), Werkstudent, Werkstatt Hamburg
Fransecky von, Maria (geb. 1955), Schülerin, Werkstatt Hannover
Gölzenleuchter, Horst D. (geb. 1944), Gärtner, Werkstatt Dortmund
Grundmann, Siegfried (geb. 1924), Schriftsetzer, Werkstatt München
Hensel, Horst (geb. 1947), Lehrer, Werkstatt Dortmund
Herrmann, Klaus (geb. 1939), Gebrauchsgrafiker, Gast der Werkstatt Nürnberg
Heß, Horst R. (geb. 1928), Angestellter, Werkstatt Nürnberg
Hinz, Günter (geb. 1932), Metallarbeiter, Werkstatt Essen
Hirsch, Rainer (geb. 1942), Schlosser, Werkstatt Hamburg
Jaeckel, Johannes V. (geb. 1922), Maschinenarbeiter, lebt in Kassel
Kammrad, Horst (geb. 1927), Betriebsrat, Werkstatt West-Berlin
Kerker, Armin (geb. 1948), Student, lebt in Bochum
Kneifel, Christian (geb. 1943), Kaminkehrer, Werkstatt Augsburg
Korn, Regina (geb. 1927), Näherin, Werkstatt Essen
Kretschmer, Christoph (geb. 1950), Buchhändler, Werkstatt Nürnberg
Kruse, Harald (geb. 1945), Chemotechniker, Werkstatt Hamburg

Kumlehn, Jürgen (geb. 1945), Montagearbeiter, Werkstatt Braunschweig

Kusz, Fitzgerald (geb. 1944), Gymnasiallehrer, Werkstatt Nürnberg

Limpert, Richard (geb. 1922), Zechenmaschinist, Werkstatt Gelsenkirchen

Link, Alfred (geb. 1924), Sozialhilfeempfänger, Texter, Werkstatt Nürnberg

Ludewig, Heini (geb. 1906), Schriftsetzer, Werkstatt Hannover

Ludwig, Roland (geb. 1939), Nachrichtentechniker, Werkstatt Tübingen

Märzhäuser, Kurt (geb. 1943), Feinmechaniker, Werkstatt Hannover

Mauersberger, Horst (geb. 1913), Straßenarbeiter, Werkstatt Braunschweig

Matz, Hildegard (geb. 1930), Sekretärin, Werkstatt Oberhausen

Meier, Hansruedi (geb. 1934), Lehrer, Werkstatt Zürich

Mrotzek, Siegfried (geb. 1930), Werbetexter, Werkstatt Dortmund

Müller, Günter (geb. 1944), Kaufmännischer Angestellter, Werkstatt Hannover

Noeske, Britta (geb. 1938), Krankenschwester, Werkstatt West-Berlin

Obieglo, Marion (geb. 1951), Arzthelferin, Werkstatt Oberhausen

Polte, Paul (geb. 1905), Tiefbauarbeiter, Werkstatt Dortmund

Rauner, Liselotte (geb. 1920), Schriftstellerin, Werkstatt Gelsenkirchen

Reichert, Willy (geb. 1926), Versicherungskaufmann, Gast der Werkstatt Nürnberg

Röhrer, Wolfgang (geb. 1942), Werkstudent, Werkstatt West-Berlin

Ros, Rigo (geb. 1928), Angestellter, Werkstatt Nürnberg

Sauernheimer, Peter (geb. 1940), Angestellter, Werkstatt West-Berlin

Sinnassamy, Evelyne (geb. 1946 in Frankreich), Lektorin, Werkstatt West-Berlin

Spitzer, Jürgen (geb. 1953), Druckereilehrling, lebt in Schweinfurt

Spix, Hermann (geb. 1946), Lehrer, Werkstatt Düsseldorf

Spöcker, Christine (geb. 1927), Fotografin, Werkstatt München

Stelling, Jürgen (geb. 1947), Buchhändler, Werkstatt Karlsruhe

Stössel, Jürgen P. (geb. 1938), Tierarzt, lebt in München

Schaffernicht, Christian (geb. 1948), Schriftsetzer, Werkstatt Münster

Schammidatus, Oskar (geb. 1947), Buchbinder, Werkstatt Dortmund

Schöfer, Erasmus (geb. 1931), Schriftsteller, Werkstatt Düsseldorf

Schramm, Godehard (geb. 1943), Schriftsteller, Werkstatt Nürnberg

Schröder, Margot (geb. 1937), Hausfrau, Werkstatt Nürnberg

Schütt, Peter (geb. 1939), Schriftsteller, Werkstatt Norderstedt

Schwab, Manfred (geb. 1937), Sozialarbeiter, Werkstatt Nürnberg

Schwerdtfeger, Siegfried (geb. 1923), Korrektor, Werkstatt München

Tost, Fritz (geb. 1905), Tischler, Werkstatt West-Berlin

Troppmann, Artur (geb. 1930), Dekorateur, Werkstatt München

Tscheliesnig, Klaus (geb. 1949), Kaufmännischer Angestellter, Werkstatt Karlsruhe

Trunzach, Helmut (geb. 1945), Student, Werkstatt Nürnberg

Voglis, Panos (geb. 1937 in Griechenland), Kaufmännischer Angestellter, Werkstatt Köln

Wenger, Bernhard (geb. 1947), Student, Werkstatt Zürich

Winkler, Ralf (geb. 1915), Maschinenschlosser, Werkstatt Zürich

Winkler, Rudi (geb. 1919), Werkzeugmacher, Werkstatt Dortmund

Wlokas, Clemens (geb. 1952), Student, Werkstatt Bonn

Wolf, Klaus-Peter (geb. 1954), Schüler, Werkstatt Essen/Bochum

Wüsthoff, Carl (geb. 1902), Hufschmied, Werkstatt Hamburg

Ein Verzeichnis der vom Werkkreis Literatur der Arbeitswelt und den ihm nahestehenden Autoren erschienenen Bücher ist in dem Band „Der rote Großvater erzählt" (Fischer Taschenbuch 1445) enthalten.

Werkkreis-Anschriften

Werkkreis Literatur der Arbeitswelt: 5 Köln, Postfach 180 227

Kontaktadressen der Werkstätten sind jeweils über den zuständigen Regionalsprecher des Werkkreises zu erfragen.
Eine Mitarbeit im Werkkreis ist auch brieflich über die nächstliegende Werkstatt möglich.

Region Nord

Werkstätten in: Braunschweig
Bremen
Hamburg
Hannover
Neumünster

Kontaktadresse: Wolfgang Franz, 2 Hamburg 50, Paulsenplatz 4, Tel.: 040/4 39 01 95

Region West

Werkstätten in: Biedenkopf/Marburg
Bielefeld
Bochum
Bonn
Dortmund
Düsseldorf
Essen
Köln
Mülheim
Münster
Oberhausen
Recklinghausen
Wuppertal

Kontaktadresse: Harry Böseke, 5 Köln 80, Kopernikusstr. 23, Tel.: 0221/85 15 37

Region Südwest

Werkstätten in: Frankfurt
Freiburg
Göttingen
Karlsruhe
Mainz
Mannheim
Stuttgart
Tübingen

Kontaktadresse: Andreas Ruoff, 7411 Reutlingen-Degerschlacht, Goethestraße 16, Tel.: 07121/2 41 77

Region Süd

Werkstätten in: Augsburg
München
Nürnberg

Kontaktadresse: Christian Kneifel, 89 Augsburg, Mühlstraße 16, Tel.: 0821/4 12 63

Werkstatt West-Berlin: Wolfgang Röhrer, 1 Berlin 46, Sondershauser Straße 75 a, Tel.: 0311/7 11 99 75

Werkstatt Zürich: Bernhard Wenger, Oelrottenstr. 28, CH-8707 Uetikon, Schweiz

Grafikwerkstätten:

Augsburg: Jörg Scherkamp, 89 Augsburg, Nibelungenstraße 19, Tel.: 31 16 00
Düsseldorf: Robert Hartmann, 4 Düsseldorf, Habichtstraße 17, Tel.: 62 28 08
Köln: Wolfgang Herbst, 5 Köln, Sauerbruchstr. 1, Tel.: 70 43 03
West-Berlin: Wolfgang Röhrer, 1 Berlin 46, Sondershauser Str. 75 a, Tel.: 7 11 99 75
Wuppertal: Enric Rabasseda, 56 Wuppertal, Schwarzbach 4, Tel.: 64 37 07

Zentrales Konto des Werkkreises Literatur der Arbeitswelt: Postscheck Köln 27 37 07